# APPEL

## AU ROI ET AUX 86 DÉPARTEMENS DE LA FRANCE.

# LE SEUL MOYEN

DE

# COLONISER L'ALGÉRIE

**Par A. DÉNAIN,**

Auteur d'un ouvrage sur les intérêts politiques et commerciaux des isthmes de Suez et Panama.

*« Vox clamantis in deserto. »*

PARIS,

CHEZ DENTU, LIBRAIRE-ÉDITEUR,

GALERIE D'ORLÉANS, AU PALAIS-ROYAL.

1847.

Le but de cet écrit, c'est la colonisation de l'Algérie : la colonisation civile, que tout le monde veut, mais dont personne ne donne les moyens ; la colonisation par les prolétaires, par les petits colons, dont on repousse l'idée, parce qu'on la croit irréalisable ; la colonisation immédiate, improvisée, qui est encore le vœu de tous, mais qu'on regarde comme utopique.

La réunion de l'Algérie à la France, son assimilation à notre régime civil et constitutionnel, sont d'excellentes choses que nous demandons avec tous les gens bien intentionnés, mais, dans l'état actuel, elles ne peuvent être que le cadre et non le moyen de la colonisation. Que notre malencontreuse conquête, qui est déjà vieille et usée pour notre esprit déçu, soit divisée *aujourd'hui* en départemens ou en provinces, que ce soient des préfets qui y administrent ou des généraux qui y commandent, c'est beaucoup, si l'on veut, mais ce n'est pas assez. Il n'y a plus de nouveauté, il n'y a plus d'engouement. Il y a dix ans, on était encore prêt à n'envisager que les bonnes chances, que le bon côté de la colonisation ; c'est le contraire aujourd'hui : il ne reste plus que froideur et scepticisme.

Sérieusement, et laissant de côté cet esprit de controverse qui est, tout à la fois, le triomphe et le malheur de notre époque, — *verba et voces, pretereàque nihil!* — suffit-il d'une loi pour vaincre les difficultés et accélérer les bienfaits de la colonisation ?...

Nous pensons que, malgré tout, nos spéculateurs de bourse, — et qui n'est pas spéculateur aujourd'hui ? — n'abandonneront pas l'agio de la rente ou des chemins de fer, pour aventurer et immobiliser leurs fonds et leurs fiévreuses ardeurs dans les lointaines et douteuses entreprises de l'agronomie algérienne.

Quant aux grands propriétaires terriens, ce n'est certes pas l'imperfection du régime actuel qui les détourne de l'ambition d'augmenter leur fortune en la transportant de l'autre côté de la Méditerranée. On ne va pas en Algérie avec le parti pris de faire de la politique et de régenter le maréchal Bugeaud. L'arbitraire n'est à craindre que lorsqu'il est hostile aux intérêts qu'on se propose. Qu'un homme riche, électeur, ait le dessein de mettre 200,000 fr. à la fondation d'une belle propriété dans la Mitidja, il est certainement assuré d'un bon accueil. De nos jours, quand on est riche et *bien pensant*, on a toute liberté et toute sécurité. Non, pas plus avec le régime civil et légal qu'avec le régime militaire et despotique, on ne peut espérer une colonisation immédiate et considérable de la part des grands propriétaires. Nous nous en réjouissons, du reste, car nous considérons que cette colonisation, que tout le monde appelle et croit possible, est défectueuse, irrationnelle et anti-politique, comme anti-économique.

Ce n'est pas non plus le régime civil et légal qui déterminera à l'émigration notre prolétariat indifférent et misérable jusqu'à l'abrutissement. Qu'importe la Charte à notre pauvre plèbe ! Si c'est la Charte, et elle l'ignore! qui lui mesure ici, d'une main si avare, le pain et la vie sociale, il est peu tentant d'aller la retrouver en Afrique. S'il faut vivre misérable, travailler toujours pour autrui là comme ici, au lieu de se résoudre au lamentable sacrifice d'un exil sans retour, il vaut bien mieux rester où l'on est, et vivre et mourir au village où s'élèvent la vieille maison et la tombe encore fraîche de ses pères....

Nous le répétons, la réunion de l'Algérie à la France, son assimilation à notre régime constitutionnel, sont le cadre et non le moyen de la colonisation civile....

Pour qui s'inquiète consciencieusement de cette grave question, il faut circonscrire son esprit entre trois termes précis, nettement indiqués, l'y fixer résolument, et en accepter les exigences et les conséquences. Autrement, qu'on renonce à l'Algérie, et le plus tôt sera le mieux.

1° L'Algérie nous est un péril et une honte; cet état est insoutenable, et il faut, de plus, couper court à des sacrifices auxquels l'esprit s'habitue, mais qui deviennent de plus en plus onéreux et épuisans. Dans une pareille circonstance, il ne suffit pas d'un palliatif, mais d'un remède héroïque. Il ne suffit pas de prendre à la fin de simples mesures préparant l'avenir, ou de s'amuser stupidement à des *essais*, comme on eût pu faire il y a dix ou quinze ans, *il faut aviser à des moyens extraordinaires*, prendre résolument un système, un grand système, c'est-à-dire viser et arriver immédiatement au but. En un mot, il faut abandonner la voie naturelle, normale, et franchir d'un bond le précipice qui menace d'engloutir et notre honneur et nos richesses, — cette meilleure part de nous-mêmes. — Voilà le premier terme de la question.

2° L'élément humain de la colonisation réside avant tout, sinon exclusivement, dans le prolétariat. Cette classe seule est assez nombreuse et assez malheureuse pour quitter la France et peupler l'Algérie. *Mais c'est à cette condition qu'elle profitera exclusivement et dans toute leur étendue du sacrifice de l'expatriation et du pénible labeur sous un soleil torréfiant.* Nous possédons dans nos provinces au moins dix millions d'individus, de petits colons, qui vivent, qui mangent à peine. A proprement parler, ils ne sont ni consommateurs ni producteurs; on peut dire qu'ils ne vivent pas non plus pour notre état social. Il faut leur montrer, leur donner l'Algérie !

Nous nous créerons ainsi, avec un royaume pour profit, des citoyens et des frères.

3° L'élément pécuniaire, c'est l'Etat qui doit le fournir. La colonisation de l'Algérie est surtout politique; il importe essentiellement à la nation, en général, de rivaliser, dans la Méditerranée, avec l'Angleterre, avec la Russie, avec l'Autriche. En conséquence, rien n'est plus juste ni plus profitable que l'universalité de la nation, c'est-à-dire l'Etat, donne à quelques uns, à de pauvres citoyens, les moyens de fonder un puissant établissement qui soutiendrait la métropole au lieu de l'affaiblir; qui offrirait un vaste débouché à son commerce au lieu de l'appauvrir plus longtemps de centaines de millions dont on deshérite le sol national.

Voilà les trois termes en dehors desquels il n'y a, selon nous, ni vérité, ni conscience, ni salut. Le gouvernement et les bureaux de la chambre des députés veulent des *essais*, comme pour s'assurer d'avance que d'un grain de blé semé il ne sort pas, en Algérie, de petits cailloux; ils veulent favoriser et attendre les grands propriétaires... C'est de l'obéissance; il y a évidemment des engagemens pris quelque part...

Notre projet est d'implanter immédiatement, *en six ou huit ans*, un million d'individus pauvres dans nos possessions d'Afrique; de les y établir dans des conditions de prospérité prodigieuse; de les rendre riches dix fois comme nos petits propriétaires de villes et de campagnes, de façon qu'au point de vue économique comme au point de vue politique, *ils représenteraient pour la France dix millions de producteurs et de consommateurs*. On sait qu'en économie politique on compte moins le nombre que la richesse...

Acceptera-t-on notre projet?... nous n'y avons jamais pensé! Fût-il cent fois meilleur —plus simple et plus fécond, — on ne l'accepterait pas d'avantage,—encore moins peut-être... On peut être soumis au *système* et ne point être sa dupe. C'est un droit et une consolation.

Cet écrit contient en outre des indications simples et fécondes,—prises au courant de quelques dix ans de lointains voyages, — sur les moyens d'ouvrir une large voie commerciale à travers les profondeurs de l'Afrique, et de coloniser, par contre-coup, la Guyane. Nous avions rassemblé les matériaux d'un ouvrage complet; mais tout travail qui ne fait pas rire est si fort méprisé aujourd'hui; tout homme qui se permet d'avoir des idées au sujet de la grandeur du pays est si assuré d'avance de l'indifférence railleuse des gens du *système*, que nous avons jugé suffisant de nous restreindre à une brochure... Néanmoins, et quelqu'imparfait que soit ainsi ce travail, nous nous croyons en droit, homme d'avenir, peut-être, de le dédier *aux esprits clairvoyans, aux cœurs virils et aux âmes patriotiques de la France.*

Paris, 22 avril 1847.

APPEL

AU ROI ET AUX QUATRE-VINGT-SIX DÉPARTEMENS DE LA FRANCE.

# LE SEUL MOYEN

DE

# COLONISER L'ALGÉRIE.

Fixez votre attention sur les différentes nations qui agitent et se partagent le monde, vous les verrez toutes occupées de quelque grand dessein, de quelque œuvre traditionnelle dont l'accomplissement les conduirait à l'apogée de la puissance, et assurerait à l'une d'elles la suprématie sur ses rivales.

Au sommet de l'Europe et de l'Asie, et planant sur ces deux continens qui résument les plus grands intérêts de notre globe, vous voyez la Russie attachée à organiser les peuples divers de son vaste empire, et préparant de longue main le jour solennel où, d'une part, elle se saisira de Constantinople, et où, d'autre part, elle proclamera l'omnipotence d'un seul et la servitude de tous. Déjà, se tournant vers notre occident, la Russie a fauché la Pologne, qui la séparait de nous.

L'Autriche, qui a plutôt l'ambition du ventre que celle d'une suprématie intelligente, s'assimile chaque jour les États secondaires qu'elle tient fascinés sous sa gueule béante, et cette nation caduque espère sans doute reprendre quelque vigueur en s'infusant le sang généreux de l'Italie, qui bientôt mourra de langueur.

La Prusse, la plus ambitieuse des nations, mais ambitieuse sans honneur et sans conscience, se demande si c'est avec notre aide qu'elle édifiera le Panslavisme, ou si c'est comme avant-garde du Nord qu'elle se précipitera contre la France.

Tournons les regards de l'autre côté de nos frontières, et vous verrez la Grande-Bretagne, araignée laborieuse et avide, couvrir de sa trame l'univers entier, et l'asservir arrogamment sous sa loi, comme si elle l'avait acheté de Dieu. Et encore, dominer n'est pas assez pour elle; sa domination est ainsi calculée, qu'elle doit amoindrir et étouffer la France, qui fut son émule et quelquefois sa devancière.

Au-delà de notre vieux monde, sortant du sein des mers comme un astre resplendissant, apparaît l'Union américaine, exemple de ce que peut la liberté sur les destinées d'un peuple. Avant cinquante ans d'ici, et, pareil au soleil qui voile les tremblantes lueurs des étoiles en les inondant de son étincelante lumière, l'empire républicain, dominant sur les deux Amériques et sur les vastes mers qui en baignent les côtes, aura dépassé d'un bond nos routinières et séculaires monarchies.

A le considérer au point de vue philosophique, ce spectacle est admirable. Il enseigne qu'obéissant à des lois profondes et rénovatrices, les peuples se hâtent vers les champs de l'avenir, et que, même au prix de quelques chocs éclatans, le sort de l'humanité est aussi étroitement qu'anxieusement lié à leur rivalité puissante.

Une seule nation cependant est en dehors de la voie commune, vivant au jour le jour, sans but pour le présent, sans projets ni espérances pour l'avenir; cachant, au contraire, honteusement son drapeau, reniant son glorieux passé et se prélassant dans le *statu quo* comme un cheval fourbu à l'étable. Une seule nation, hélas ! et c'est la France, voit chaque jour le soleil briller et disparaître, sans songer que le soleil ne reviendra pas sur sa course, sans songer que les autres se hâtent, qu'il y a honte et péril à demeurer en arrière ; sans songer, enfin, que le génie qui crie sans cesse aux peuples : *Marche! marche!* c'est le génie de la civilisation.

Qu'elle le sache cependant, l'ambition est le mobile, et par là l'obligation des grands peuples. La rivalité qu'elle entraîne peut avoir ses difficultés, ses dangers ; mais ses bienfaits sont de ceux dont on ne saurait calculer le prix. Et d'ailleurs, si l'on considère ce sujet au point de vue politique, au point de vue des intérêts quotidiens, on verra que, par un enchaînement providentiel, la gloire et la sauvegarde des gouvernemens ont toujours dépendu des grandes actions dans lesquelles ceux-ci ont entraîné ou suivi leurs peuples, et cela se conçoit de reste. Alors, en effet, projets et espérances, efforts, sacrifices, satisfactions, tout est partagé, mis en commun, tout sert d'attache entre la tête et le corps. Comment un Russe ne serait-il pas fier du czar qui lui promet l'empire du monde ? Quelle est la cause du patriotisme anglais, des fiévreuses ardeurs des Américains du Nord? Comment expliquer autrement cette idolâtrie pour Napoléon que nos pères nous ont léguée? Et pourquoi, au contraire, avons-nous tant de mépris pour ceux qui nous gouvernent aujourd'hui ! !

Bien qu'il n'y ait qu'une voix pour dire que nous sommes en dehors, au-dessous de nos destinées, il semblerait néanmoins qu'on n'a pas suffisamment compris, en France, ni le gouvernement ni la nation, les conséquences véritables de la séparation des intérêts communs, ni celles de ces renonciations poltrones, exagérées, qui ont suivi les trois journées de 1830, ce scénario de révolution.

D'un côté, entrée en défiance d'elle-même par suite des menaçantes évocations du passé, la nation crut être sage en se couvrant du cilice, en se prosternant le front dans les cendres. Elle fut dupe ainsi des prétendues folles ambitions qu'on feignait de lui supposer à l'étranger, tandis qu'à l'intérieur une main fatale s'appliquait à éteindre celles qui étaient le plus légitimes.

D'un autre côté, ce que nous avons conquis récemment d'appeler le *Système* crut être habile, par un double jeu, en persuadant à la nation quelle avait tout à craindre, qu'il fallait dissimuler, attendre un moment plus favorable, tandis qu'il assurait l'étranger d'une soumission perpétuelle, qui devenait entre eux un marché à forfait. « Laissez-moi faire, disait le Système à la Sainte-Alliance, j'étoufferai les passions tumultueuses, l'espoir d'une éclatante réparation et les aspirations du premier rang. Je courberai la tête de ce fier Sicambre, qu'on appelle le peuple, sous un baptême qui courbe à toujours, celui de la honte, *celui de la paix à tout prix*. Nous partagerons : vous, les vainqueurs de Waterloo, vous poursuivrez en liberté vos grands desseins ; nous, les *vainqueurs* de juillet, nous fonderons la dynastie. »

Et en effet, on montra indifférence et dédain pour la rive gauche du Rhin ; on refusa l'annexion de la Belgique, même l'union commerciale ; on se félicita de l'*ordre qui régnait à Varsovie ;* on abandonna l'Italie en évacuant Ancône ; on réagit contre l'Espagne, et, au lieu d'envahir la Suisse de notre propagande, on y céda le pas aux ennemis de nos principes ; on alla même, là comme partout, jusqu'à s'allier traîtreusement avec eux ! Sait-on ce qui est résulté de toutes ces machinations ? C'est que, déchus moralement, nous sommes déshérités de nos ambitions légitimes et séculaires, maintenant et à toujours. De ce côté encore, c'est une révolution à refaire, ce sont des reconstitutions morales à conquérir ; car, en notre nom, et comme de notre aveu, on a ratifié Waterloo ! !

Peut-être est-ce-là du *bien joué* pour la pensée malfaisante qui nous domine ; mais amasser ainsi un règne, n'est-ce pas bourrer la mine qui fera sauter une dynastie? Ah ! prenez-y garde ! vous vous confiez peut-être trop dans votre habileté corruptrice et dans votre machiavélisme prêt à tout oser. Oui, vous êtes habiles, et vous parlez, Monsieur Guizot, comme les rhéteurs d'Athènes. Mais trop d'habileté aveugle et emporte quand on a de mauvais penchans. Mieux vous vaudrait en avoir moins pour posséder plus de cœur ; car c'est un trait caractéristique de notre nation, c'est par le cœur, c'est par l'honneur qu'il faut la gouverner.

Ah ! si, dominés, au contraire, par de nobles sympathies nationales, au moyen d'efforts constans, d'ambitions contenues mais toujours éveillées, vous eussiez proclamé sans détour que le but de la France était de reprendre tôt ou tard ses limites naturelles, celles de la configuration topographique et des tendances sociales ; si vous eussiez opposé courageusement, chez les peuples opprimés (opprimés parce qu'ils sont nos alliés), les idées libérales, l'émancipation politique, les droits de l'homme, enfin, aux idées de despotisme et d'*esclavitude*, le génie de la France eût été prépondérant dans le monde ; car elle ne servait pas ainsi un esprit de nationalité égoïste et ambitieuse, mais les généreuses aspirations de l'humanité tout entière. Devant cette lumineuse auréole qui brille au front du génie rédempteur de la liberté, la Sainte-Alliance eût reculé de tous les pas qu'elle a faits en avant ; au lieu de peser sur nous pour nous faire renier notre foi politique, elle se fût tenue à distance, non point menaçante, mais le sourire aux lèvres, de peur de nous voir appeler les peuples sous notre oriflamme libératrice ; au lieu de nous jeter le gant et de renverser Cracovie, elle nous eût tenu compte de notre retardement à occuper Anvers et Mayence.

Ce n'est pas, sans doute, qu'une nation comme la France, qui est prépondérante, surtout par ses idées, doive gagner en puissance en raison directe de l'extension de son territoire et de l'addition de quelques citoyens. Non ; mais une nation ne peut être forte, respectée, crainte, qu'à la condition d'être complète, de maintenir ses droits et de montrer le courage de ses ambitions. Au lieu de mépris, on gagne ainsi du respect ; au lieu de s'affaisser sur soi-même, on se fortifie de sa propre ardeur.

Quoique l'histoire soit pleine d'aveuglemens pareils, on a peine à comprendre que la dynastie actuelle n'ait pas suivi la voie honnête et si bien tracée qui devait la nationaliser. Ne sent-elle donc pas qu'elle n'a aucune racine au cœur de la nation ; que la dénomination même du parti qui la soutient montre le peu de cas qu'elle en doit faire ? « Conserver ce qu'ils possèdent, » voilà la religion toute d'exclusivisme et de matérialisme de nos bourgeois ! triste religion, qui, certes, n'aura ni ses miracles ni ses martyrs....

Outre qu'il pouvait s'entourer de profondes sympathies en s'associant à la reconstitution pleine et entière de notre nationalité, le roi Louis-Philippe était sollicité à l'intérieur d'accorder au peuple, en retour de cette couronne donnée, les adoucissemens les plus légitimes, de ces adoucissemens qu'il est honteux de demander, révoltant de demander en vain : la réforme électorale, qui créerait des citoyens ; la réforme postale, qui favoriserait la transmission de la pensée et des sentimens de famille ; celle sur le sel, qui permettrait à tant de malheureux d'accepter les bienfaits vivifians et consolateurs de la Providence. Rien, jamais rien !.... si ce n'est de pompeuses et vides paraphrases de M. Guizot et des répliques complaisantes des avocats de l'opposition. — Après tout, bons ou mauvais, une nation mérite toujours ses gouvernemens...

Ce que l'on a fait pour mériter les indulgences de la trinité despotique du Nord, on l'a de beaucoup dépassé pour apaiser particulièrement les jalousies inquiètes de la Grande-Bretagne. Malgré seize années d'une paix incertaine, nos côtes sont restées sans défense ; malgré tant de millions dépensés, nous avons vu dépérir notre flotte, et l'Algérie, au lieu de devenir pour nous un moyen de puissance, ne nous est qu'un péril extrême et un chancre dévorant. Voilà les gâteaux de miel, pétris de mains..... *françaises*, qui ont pu adoucir le Cerbère de l'Océan. Eh bien ! et c'est là le motif et la conclusion de nos récriminations, il nous paraît possible de sortir du cercle vicieux et fatal où nous croupissons depuis seize ans, et par le côté même qui semble le plus infranchissable. Nous voulons dire que, par sa politique insidieuse, le *système* nous a mis face à face avec un péril si grand, si imminent, là où nous devions trouver sécurité et puissance, qu'il n'a plus d'autre alternative que de périr corps et bien en continuant une fatale impéritie, ou de sauvegarder notre indépendance en donnant le signal d'un généreux effort.

C'est du côté de l'Algérie que nous croyons aussi possible qu'indispensable de réparer les pertes du passé, et de relever notre tête au niveau des nations en travail d'avenir. L'Algérie colonisée, colonisée surtout d'après le plan simple et fécond, complet aussitôt qu'essayé, dont l'indication va suivre, peut être le moyen de ranimer le génie comprimé de la France, et ouvrir enfin une ère de sympathie entre la nation et la dynastie. Il nous semble voir, en effet, que, d'une part, le fardeau de notre possession africaine devient chaque jour plus écrasant, plus périlleux, que là le *statu quo* est devenu impossible, tandis qu'à l'aide d'une idée, d'une simple idée d'organisation, nous pourrions dépasser à son égard les plus larges espérances conçues au moment de la conquête.

L'Algérie en est venue à nous coûter 130 millions par an, et à distraire de notre territoire

100,000 hommes de troupes, le tiers de notre armée. — Nous le demandons en outre à tout homme de bonne foi, n'est-il pas infiniment plus probable que nous verrons, comme toujours, les sacrifices augmenter plutôt que diminuer? — Et nous le demandons encore, ces sacrifices n'ont-ils pas pour but unique, pour seul résultat possible, la conquête armée, la domination stérile et momentanée? Dans tout ce que l'on a fait, y a-t-il aucune raison de voir l'Algérie se peupler, se féconder, devenir florissante? Non, mille fois non! Pour préparer la prospérité de l'Algérie, on consacrera demain 3 millions *à un essai*, un essai après dix-sept ans! 3 millions à un essai énergiquement condamné par l'opinion publique, et notoirement improuvé par le gouvernement lui-même! De telle sorte que cet essai réussît-il, on l'abandonnerait très-certainement, soit comme trop coûteux, soit comme antipathique.

Un pareil état de choses peut-il durer? Oui sans doute, et nous le voyons bien ; nos contribuables sont de bonne paie, et nos députés accommodans. Mais n'a-t-il pas ses périls, non pas seulement pour la nation, mais pour la dynastie? Il faudrait être aveugle pour le nier. Eloignons si l'on veut toute idée d'une secousse intérieure, toute espérance d'un de ces lendemains où la justice populaire se lève impitoyable, d'autant plus terrible qu'elle a été plus longanime... mais si la guerre éclatait, si, moins soumis que nous, il plaisait aux compresseurs de notre nationalité, aux antagonistes de nos principes, d'aller plus loin que Cracovie!...

La guerre est possible, probable même, car cette paix est incertaine et honteuse. Mais quoi qu'il arrive pour le présent, un avenir peu éloigné nous réserve évidemment un cataclysme politique. Chaque jour le ciel s'assombrit de nuages : les aigres démêlés des familles royales de France et d'Angleterre ont à jamais rompu l'entente cordiale ; la question espagnole est toute grosse, on peut le dire, de la stérilité d'une jeune femme ; tôt ou tard enfin, il faudra bien répondre à l'insolent défi de Cracovie, car quoi qu'on fasse et malgré sa *pluie d'or*, le Jupiter moscovite n'accomplira pas l'inceste médité contre cette noble et fière idole de nos cœurs, la liberté! Or, la guerre, c'est tout d'abord la perte de l'Algérie, c'est-à-dire l'anéantissement de près de vingt ans de sacrifices, et l'embarquement à merci sur des vaisseaux anglais de 100,000 soldats et de 100,000 colons ; la guerre enfin, c'est un autre Waterloo! Mais c'est aussi une question de dynastie. « Tout se paie », a dit Napoléon.

Mais que l'Algérie devienne florissante, qu'elle possède immédiatement, *en moins de six ans*, un million de colons civils, tous riches, industrieux, c'est-à-dire produisant et consommant dix fois plus qu'en France; que l'Algérie, en temps de paix, nous remplace Saint-Domingue, plus la proximité, plus l'excellente base sociale que nous voulons proposer; qu'en temps de guerre, avec une population plus nombreuse que la race arabe, instantanément absorbée, elle s'élève, de l'autre côté de Toulon, comme un puissant et redoutable Etat, rayonnant avec nous sur la Méditerranée qui nous sépare et nous unit; que ce grand fait enfin de l'Algérie florissante soit le résultat d'une généreuse impulsion nationale; que cette impulsion soit donnée et secondée par le roi Louis-Philippe! c'est donner un beau royaume à la France, c'est en refaire une nation de premier ordre, car c'est réveiller ses nobles aspirations de grandeur et de progrès, car c'est unir par un lien puissant et indestructible le roi et la nation. De ce côté aussi, c'est une question de dynastie, un bail de royauté à long terme. Tout se paie.

On comprend, ou du moins on dévoile aisément l'égoïsme bourgeois qui s'ingénia, après 1830, à étouffer les tendances libérales de la France et à abdiquer en son nom au profit d'une sécurité personnelle, la prépondérance qui est son droit et son devoir. — Les momens étaient difficiles. — Mais aujourd'hui, la France est calme, indifférente à tout, le système n'en a plus peur, et la manie à son gré. D'autre part, tous les appuis qu'on s'était ménagés au dehors sont chancelans et compromis. Le moment est venu évidemment de changer de politique. Nous ne pouvons développer ce thème ici, mais nous le recommandons, sinon à la conscience de nos gouvernans, du moins à leur instinct de conservation Ils ont retiré, eux, tout le fruit possible du système suivi depuis 1830. Aujourd'hui, ce système est périlleux. Oui, c'est le moment de s'allier désormais avec la nation, de puiser en elle sa confiance et sa force. L'Algérie est une heureuse occasion d'inaugurer ce nouvel état de choses. L'Angleterre sera mécontente sans doute, mais n'ayez pas peur! Elle ne peut tirer le canon pour cette affaire. Déjà vous avez été assez hardis pour donner une infante avec une belle dot à un des rejetons de la dynastie, donnez l'Algérie à la France.

Voilà comment nous envisageons l'aspect général de la question d'Afrique. Nous faisons un loyal appel, dans notre plan, au concours de la dynastie, non pour elle, mais pour le pays. Si une seule fois le *système*, — qui la conduit comme un chien d'aveugle, — marchait franchement avec la nation, il sentirait quelle force, quelle sécurité et quelle grandeur en découleraient pour lui. Peut-être serait-il alors amené à comprendre qu'au lieu de refaire le passé et de se substituer purement et simplement aux Bourbons déchus, il doit marcher sagement sans doute, mais loyalement vers le progrès, et donner enfin à la nation les bénéfices de la mutation de 1830, en associant les masses aux droits sociaux et politiques.

Si la famille d'Orléans voulait, en effet, accepter loyalement le pacte tacite, mais aussi obligatoire que solennel de 1830, et y confier ses destinées ; si du milieu des influences toujours trompeuses et illusionnantes de la cour, elle démêlait qu'elle doit être le moyen préparatoire et la transition naturelle entre le gouvernement de quelques-uns et le gouvernement de tous ; si elle comprenait que ce serait là l'ennoblissement particulier de la branche cadette des Bourbons, que le dernier de ses rois montât le premier, aux acclamations de tout un peuple, sur le fauteuil présidentiel, fût-ce dans cinquante ans, cette dynastie pourrait régner et présider, paisible et véritablement honorée, autant de siècles que son aînée, avec une même gloire et moins de fautes.

La question d'Afrique doit être considérée sous le triple aspect de la civilisation, de la politique et du commerce, dont la synonymie est gloire, puissance et richesse.

Sous le premier rapport, il y aurait, en effet, une grande gloire pour la France à implanter la civilisation sur ce continent d'Afrique, qui est le plus misérable et le plus abandonné de la terre. Civiliser les autres n'est ni moins beau ni moins obligatoire que de se civiliser soi-même. L'Afrique devrait être pour la France ce que l'Asie et l'Australie sont pour l'Angleterre. Nous nous réservons, du reste, de démontrer plus loin, en quelques mots, comment nous pourrions agrandir considérablement notre rôle à cet égard.

Sous le rapport de la politique, la conquête de l'Algérie a été pour notre pays un bonheur, ou du moins l'occasion d'un bonheur providentiel. Si elle était florissante, bien peuplée, munie de quelques grands ports de guerre, comme nous pourrions tenir tête fièrement, dans la Méditerranée, aux formidables établissemens des Anglais et aux accroissemens incessans des Russes et des Autrichiens !

En troisième lieu, sous le rapport commercial, l'Algérie peut ne nous laisser rien à désirer. Quoique peu éloignée de nous, son climat lui permet des cultures riches et variées dont le fructueux échange donnerait un rapide essor à notre commerce en général et à notre industrie maritime en particulier.

Mais, hélas ! quelle triste antithèse entre ce qui est et ce qui pourrait, ce qui devrait être. Au lieu de gloire, de puissance et de richesse, la honte, l'imminence d'un désastre épouvantable, et une lèpre qui nous dévore. En vérité, ce gouvernement est bien curieux, et cette nation est étrange. Quoi, le Ciel vous a donné une magnifique conquête, de quoi faire un royaume qui doublerait votre force, vous l'avouez ; eh bien ! pour conserver ce royaume au jour le jour, vous aventurez 100,000 soldats, vous dépensez tous les douze mois 150 millions, et encore s'il survenait une guerre, vos 100,000 soldats seraient pris, mettraient bas les armes forcément, un milliard et demi serait perdu sans qu'il en restât la trace ; voilà seize ans que cela dure, et vous n'avisez à rien !! Vous vous contentez de répéter chaque jour que c'est là une grave question ! Il est vrai que nos ministres d'État se traitent agréablement d'*excellence*...

Sait-on ce que dit à cela notre gouvernement ? Dans un ouvrage publié il y a six mois sous ses auspices,—*la France en Afrique*,—il insinue que s'il nous a fallu une armée de 30,000 hommes pour conquérir la régence sur les Arabes, il faudrait un déploiement de force bien plus considérable, et partant impossible, à une nation européenne qui voudrait nous attaquer! Mais c'est là un misérable sophisme, un subterfuge infâme. Si nous avions une guerre, elle ne pourrait être que maritime et contre l'Angleterre. Or, cette puissance nous étant plus de dix fois supérieure en nombre sur mer, elle bloquerait nos ports avec quelques vaisseaux, établirait, au large des côtes d'Afrique, des croisières de frégates à voiles, et en dedans, des croisières de frégates à vapeur —(tout cela, du reste, est déjà préparé, convenu) ; — les approvisionnemens seraient interceptés ; les Arabes se révolteraient en masse, et comme on ne peut vaincre ni la famine ni les Arabes en bataille rangée, il s'en suit que nos soldats et nos colons seraient obligés, *avant trois mois*, de se rendre à discrétion.

Un désastre pareil tue moralement une nation. Nous y sommes exposés depuis seize ans ! Y a-t-il des engagemens tacites, comme on le dit ; est-ce courtoisie envers notre bonne voisine, est-ce impéritie ? Nous aimons mieux croire que c'est de la fatalité...

Comme avant de construire il faut d'abord déblayer le terrain, avant d'établir les conditions de notre projet nous allons examiner, pour en juger la valeur, l'*état de la question* et l'*état de la colonisation*.

L'état de la question est fort clairement indiqué dans le livre déjà cité la *France en Afrique*, et dans le dernier *Exposé des motifs* du ministre de la guerre. Dans le premier, on lit : « Il ne faut rien se dissimuler ; tout manque en Algérie, l'agriculteur et l'ouvrier, le maître et le manœuvre, la famille et les capitaux. » Plus loin, le même auteur combat, comme tout à fait impraticable, la colonisation militaire, et conclut à l'adoption de *tous les systèmes*, attendu qu'on ne sait encore *lequel est préférable*. — Dans notre langue politique, vouloir ainsi tous les systèmes, c'est n'en vouloir aucun ; et ne pas savoir quel est le meilleur moyen d'arriver au but qu'on se propose, c'est réellement se faire plus bête qu'on n'est.

M. le ministre de la guerre, après avoir dit : « Qu'abandonner un point occupé, c'est le livrer aux incursions de l'ennemi, » ajoute : « Qu'il faut éviter avec soin de diminuer notre influence en réduisant notre effectif, indispensable encore, non pour conquérir, *mais pour conserver.* » Enfin, le même ministre avoue que, jusqu'en 1842, par suite des hostilités et de l'*incertitude* qui régnait sur toutes choses, le gouvernement ne s'est pas inquiété de la fertilisation du sol. Il semble qu'il aurait pu dire 1846, puisqu'il propose aujourd'hui seulement un essai de colonisation militaire qui doit devenir le point de ralliement et le bouclier des futurs établissemens civils. On se demande, du reste, comment un camp de 1,000 soldats, dix camps même, protégeront efficacement le vaste sol algérien. Evidemment, on fait en cette circonstance une concession à l'ardent vouloir de M. Bugeaud, mais sans en attendre, sans en désirer rien de bon. C'est, du reste, une grave imprudence de M. Bugeaud, selon nous, que de réduire son système à des proportions si mesquines qu'elles ne prouveront jamais rien. Si bon que soit le système, en supposant que l'essai malingre qu'on va tenter réussisse, à quoi aboutira-t-on ? 2,000 colons en 1847, 4,000 en 1849, 10,000 en 1850, total 15 à 16,000 colons, et à peu près 50 millions dépensés ; quel est le bénéfice, où est le salut de l'Algérie? Et, d'ailleurs, on n'ira pas jusque-là. On ne peut mettre du zèle et de la persistance à une chose qu'on fait à contre-cœur.

La presse en entier gémit et combat ; mais ce qu'elle désire surtout, la presse, c'est moins la preuve et la réalisation matérielles que le triomphe momentané de sa controverse.

La presse, nécessairement, se préoccupe beaucoup plus des paroles que des faits, et comme elle ne s'applique qu'à la critique, elle croit suffisamment avoir raison quand elle a démontré le tort de la partie adverse. Ici, elle réclame des institutions civiles, surtout parce que M. Bugeaud demande des institutions militaires. Mais, en vérité, ne faut-il pas quelque chose de plus que des institutions pour déterminer une colonisation rebelle? Nous nous adressons à son intelligence si vive et si nationale.

La réunion de l'Algerie à la France, sa division en départemens, la promulgation des lois françaises, sont-elles de nature à commotionner les habitans d'un pays où généralement on ignore la loi, où l'on spécule sur l'arbitraire et le bon plaisir! Qu'importe la charte à nos paysans, savent-ils ce que c'est, en ont-ils besoin pour labourer leurs champs? Qu'importe encore la charte à nos privilégiés qui ne la connaissent que pour l'éluder, la violer? La loi de réunion et la garantie réelle des droits des citoyens auraient une heureuse influence, mais seulement dans les sphères supérieures de la colonisation, non dans ses élémens constitutifs les plus essentiels, les plus désirables. Cela témoignerait, il est vrai, des bonnes intentions du gouvernement, ce qui est beaucoup; cela favoriserait la partie industrielle et remuante de la colonisation, mais c'est tout. Quant à jeter des lois derrière son dos pour en voir sortir des cultiveteurs, il n'y faut pas compter.

Et d'ailleurs, admettez cette loi de réunion, admettez qu'elle détermine la colonisation; nous le demandons, combien de temps ne faudra-t-il pas attendre? Cinquante ans au moins, et peut-être un siècle! Lorsqu'un gouvernement manque de tout esprit d'initiative, lorsque son génie et sa nature ne s'appliquent qu'à ramper à terre, la nation, dont il est l'expression quintessentielle, le guide moral et le régulateur, se modèle sur lui et ne se meut non plus qu'avec effort, et sous l'empire seulement des conditions matérielles les plus vulgaires. Alors, surtout, on ne colonise, on ne s'expatrie que par intérêt, qu'en vue d'un intérêt; on n'agit, enfin, que par la force des choses.

Or, pour qui y a-t-il intérêt à s'aventurer en Afrique et à y défricher le sol? Pour le capitaliste? évidemment non. La terre peut rapporter beaucoup en Algérie, mais il faut attendre, il faut immobiliser ses fonds; pour le capitaliste, le pavé des grandes villes est infiniment plus productif et plus tentant. Est-ce le pauvre métayer, le colon de nos fermes qui ira se faire pionnier là bas? Quelques-uns l'ont tenté; ils ont perdu d'abord leur petit avoir, et ils sont morts ensuite de faim et de misère; c'est par ce dernier bout qu'ont fini les pauvres diables qui n'avaient qu'à jouer leur vie. Du reste, voilà que d'une commune voix on ne veut plus de prolétaires, à moins qu'ils n'arrivent à la suite de riches seigneurs au profit desquels ils auront à se sacrifier. Dans l'exposé des motifs déjà relaté, M. le ministre de la guerre dit, d'un côté, que le Sahel d'Alger commence à se peupler d'une heureuse façon par la *substitution de colons riches à des colons pauvres*. Plus loin, après avoir fait la demande de nombreux millions pour l'armée, le ministre proteste bien qu'à l'avenir on n'accordera rien aux malheureux qui auront besoin de secours pour coloniser. Les bureaux de la chambre sont du même avis, et le *National* lui-même approuve avec force cette considération plusieurs fois reproduite dans la discussion : que « faire des concessions de terrain à des colons pauvres, c'est vouloir l'éternelle stérilité du sol. »

La seule ressource de la colonisation civile réside donc, aux yeux des adversaires de M. Bugeaud, dans les grands concessionnaires, les grands propriétaires terriens qui enrôleraient des colons et apporteraient des capitaux. Si les deux autres combinaisons sont impossibles, celle-ci nous paraît remplie des plus grands défauts. Si la presse se discutait elle-même avec le même soin qu'elle discute autrui, elle n'eût pas manqué de les voir comme nous.

Il y a déjà beaucoup de grands concessionnaires en Algérie ; ont-ils des colons ? leurs terres sont-elles cultivées? la colonie est-elle prospère? Répondez! Accroître le nombre de ces concessionnaires, ce n'est donc pas féconder le sol; mais c'est peut-être entraver la colonisation, ou du moins la préparer on ne peut plus défectueuse. Qui demande et obtient ces concessions? Des protégés, des agioteurs ou des votans. Or, ces gens-là sont incapables et impuissans; tout ce qu'ils peuvent faire, c'est d'obstruer la Bourse, le collége électoral ou le ministère auquel *ils sont attachés*. Ce n'est pas tout, ces concessionnaires écrèment l'Algérie; toutes les bonnes situations sont déjà prises, et il ne restera bientôt que des terrains secondaires ou éloignés du littoral, dont personne ne voudra. Un plus grave empêchement s'ajoute encore à ces considérations : il est impossible de masser ces grands concessionnaires; ils seront toujours deçà, delà; puis, par cela même qu'ils ne pourront être fortement organisés, il faudra favoriser chacun d'eux d'une route, d'un fort, d'un bataillon, pour les aider ou les défendre.

Si on y regarde de plus près encore, on reconnaîtra bien vite que cette colonisation par les grands propriétaires, parvînt-elle à réussir, est si peu en harmonie avec nos intérêts et les besoins de l'Algérie, qu'on regretterait de l'avoir si inconsidérément souhaitée.

Un personnage comme M. F. Barrot, par exemple, reçoit 150 hectares à charge d'y installer vingt familles de colons. Que fera-t-il ? Il séparera d'abord les très-bonnes terres des terres médiocres ; dans les unes, entourant son castel, il fera récolter d'abondantes et faciles moissons, prairies ou riches plantations, par cinq ou six valets de ferme, gens à gages. Quant aux terres à blé, aux productions d'un travail journalier, le métayer s'en chargera, à la charge d'une redevance de moitié ou des trois quarts. Nous connaissons les dispositions de quelques domaines où, sur un revenu présumé de 50,000 fr., on espère ne laisser que 8 ou 10,000 fr. tout au plus aux vingt familles qui doivent exploiter chacun de ces domaines. On pense que cela doit suffire à ces pauvres gens, sinon pour bien manger, au moins pour travailler, pour produire. Il est évident, en effet, que dans ce système on ne peut qu'abuser du colon, de celui-là même qui est le plus méritant devant l'œuvre de colonisation. Sans vouloir nous poser en réformateur, nous prétendons que, transporter un pareil système en Algérie et l'appliquer à des gens qui vont jouer leur vie, la vie de leur pauvre famille, est irrationnel et immoral.

On sait bien qu'en France, dans les bonnes terres, on n'accorde que le tiers des revenus aux travailleurs, et encore avec des charges et des réserves ; en Algérie, livrés pieds et poings liés, sans ressources dans leur expatriation, leur sort sera pire. Ainsi donc, à supposer qu'un système aussi inique s'établît, ce qui est très-contestable, les résultats en seraient, on le voit, très-mauvais. On ne fonde rien de bon par l'iniquité. Une vieille société peut bien subsister sur des bases vicieuses, mais les commencemens d'une société nouvelle demandent plus de ménagemens. Que nos pauvres paysans restent chez eux, si en fécondant l'Algérie ils n'ont pas la certitude d'améliorer leur condition morale et matérielle. Les laisser toujours serfs de la glèbe, les exposer aux périls et aux douleurs de l'expatriation pour la plus grande richesse de quelques privilégiés, n'est ni moral ni même avantageux pour le pays. Notre colonie resterait toujours étique et pauvre, parce que les riches propriétaires résideraient inevitablement au dehors, et que, pareille à l'Irlande, elle serait dépossédée des richesses qu'elle aurait produites, et qui devraient lui rester pour sa propre fécondation.

En résumé, nous le demandons à tout homme de bonne foi, n'est-il pas évident qu'il n'y a qu'inanité dans tout ce qu'on propose et ce qu'on espère à l'endroit de l'Algérie ; et n'est-il pas évident aussi que l'Algérie sera encore improductive et la source de sacrifices écrasans durant vingt autres années?

Nous avouons que nous aurions plus de confiance dans les faits pratiques de M. le maréchal Bugeaud que dans les idées théoriques et controversistes de la presse parisienne. Les premiers, du moins, nous paraissent être le moyen comme la nécessité des institutions qu'on réclame. La colonisation civile, naturelle, spontanée, ne viendra, si elle vient, qu'avec le temps. Pour l'exciter et l'accueillir, de même que pour la remplacer quelque peu en attendant, établissez de vive force, avec tout l'argent qu'il faudra, des colonies militaires qui d'abord produiront, et qui protégeront, en outre, les premiers pas de la colonisation civile. Après tout, rien n'est plus simple ni plus logique. M. le maréchal Bugeaud mérite selon nous, à l'égard de l'Algérie, autant l'éloge qu'on lui a prodigué le blâme. C'était peut-être l'homme providentiel de notre conquête, celui qui pouvait le mieux la faire servir aux fins pour lesquelles le ciel semble nous l'avoir donnée. Il est fâcheux qu'au lieu de concessions arrachées, le gouvernement ne lui ait pas accordé un concours manifeste. Pour notre part, nous lui savons gré non pas d'avoir réduit Bou-Maza et Abd-el-Kader, mais d'avoir arraché à nos ministres cent mille hommes et cent millions. Avant lui l'Algérie nous était peu de chose, aujourd'hui elle nous est un royaume acquis qu'il ne s'agit plus que de conserver, que malgré tout il faudra bien conserver. Ce royaume, il est vrai, nous est un colosse qui va nous écraser si nous n'avisons pas à le faire servir à nos intérêts; mais c'est notre faute, et non celle du maréchal. Il a rempli sa tâche, celle de la force; il a été jusqu'à jouer, en cette occasion, sa place de courtisan; à nous d'organiser, de réclamer énergiquement aussi la fécondation de la conquête.

Ainsi donc, et pour clore l'*état de la question* tel qu'il se présente à nos yeux, il résulte que le système du maréchal Bugeaud, pour lequel nous n'avons, du reste, qu'une préférence relative, pourrait être le moyen, la pierre d'attente de la colonisation civile, de la colonisation naturelle, spontanée, de la colonisation petit à petit. Mais ce système est trop onéreux et trop peu fécond pour qu'on en fasse une application complète, générale ; il est de plus énergiquement répudié par l'opinion publique, et le gouvernement, enfin, ne l'accueille qu'avec regret et qu'avec des restrictions qui l'annihilent. Reste la presse parisienne avec ses institutions civiles. Il nous a donc semblé que c'était le moment d'avoir un système efficace, pratique, conciliant les besoins du pays et les tendance des esprits. Nous l'avons dit, la réunion de l'Algérie à la France, son assimilation à notre régime civil, c'est le cadre de la colonisation ; nous voulons remplir ce cadre, et par un moyen aussi efficace, bien plus efficace même, dix fois moins onéreux, et surtout plus fécond que celui du maréchal Bugeaud.

Quant à l'*état actuel de la colonisation*, sur lequel nous ne dirons que deux mots, il est assez diversement apprécié. Il y a des gens, des députés, des ministres même, qui se réjouissent beaucoup des prospérités croissantes de l'Algérie. On barre des rivières, on fonde des villes, on reconstruit les anciennes; il y a quantité de navires qui vont de Marseille à Alger; la douane elle-même rend, bon an, mal an, une quinzaine de millions ; avant peu on aura un quatrième projet pour le port d'Alger, qui pourrait bien être le projet définitif; on s'étonne, on s'émerveille ! Le vrai, c'est que « tout manque en Algérie, l'agriculteur et l'ouvrier, le maître et le manœuvre, la famille et les capitaux. » Le vrai, c'est qu'il faut, selon le ministre, y laisser toujours 100,000 hommes et 130 millions. Les progrès de la population sont presque nuls dans le sens favorable à la colonie et à la métropole ; ils ne sont à compter que du côté où ils sont dangereux. Sur 105,000 Européens, il y a 45,000 Français en y comptant les employés civils, ce qui fait que la masse des affaires est envahie par un ramassis d'étrangers qui ne peuvent concourir à faire prévaloir les tendances de notre esprit national, et qui, dès lors, l'entravent. Ces étrangers, écume des ports de la Méditerranée, gent rapace et stérile, souillent notre colonie, attrappent nos millions, dénaturent notre influence morale ; ils sont, enfin, un obstacle et un danger. Ainsi, en *seize ans*, 45,000 Français, dont 3,000 seulement sont cultivateurs... moins les cultures. Et encore, qu'on y fasse bien attention, ces gens-là ne sont pas les colons de l'Algérie, mais ceux du budget. Otez le budget, tout disparaît. Voilà l'état de la colonisation !

Il faut avouer, cependant, qu'on trouve des gens assez gracieux pour vouloir bien convenir que la France est de ce côté dans une position précaire, telle que jamais nation n'en connut une pareille. Bonaparte pouvait perdre la bataille d'Aboukir et sauver encore son armée de trente mille hommes. La moindre colère d'un Nicolas ou d'un Palmerston mettrait à merci nos cent mille soldats, nos cent mille colons, et, à notre honte éternelle, effacerait en un jours seize années d'efforts et de sacrifices.

C'est évidemment l'impéritie (peut-être devrait-on employer un autre mot) de notre gouvernement qui a amené cette situation. Il croit se justifier en parlant de ses incertitudes sur les meilleurs moyens et de son ignorance des choses ; il avoue même des fautes, des résultats contraires à ses bonnes intentions. Tout cela ne saurait qu'exciter notre pitié. Rien n'était plus simple ni plus obligatoire que de créer, à tout prix et dans le pays, les premiers moyens de subsistance de l'armée et des colons. Les millions qu'on a dépensés à Odessa et en Toscane eussent très-bien fait pousser du blé et des fourrages en Algérie. Cela n'était ni difficile à imaginer ni difficile à exécuter. Il n'y avait qu'à établir une ceinture de villages pour fermer la Mitidja, y installer, à quelque prix que ce fût, des colons civils ou militaires, peu importe, tout en massant à l'entour ces ébauches d'entreprises agricoles aujourd'hui stérilement éparses dans les trois provinces. C'était obéir aux lois de la plus vulgaire prudence et remplir un devoir sacré ; c'était ne pas livrer notre honneur et notre armée comme ôtages de la paix à tout prix. Si l'on eût pratiqué ce système depuis 1830, la colonie eût profité d'abord de ses résultats directs, et, en second lieu, on eût eu de la confiance au lieu d'un sentiment tout contraire. Ayons d'ailleurs le courage de le dire, non-seulement le gouvernement n'a rien fait, mais encore il a empêché de faire. La colonisation se serait certainement établie d'elle-même après 1830, si l'on ne se fût pas méfié de sa connivence avec l'Angleterre. Dans ce même livre, *La France en Afrique*, on lit : « Un doute universel a plané sur la colonie ; ce doute n'est pas encore dissipé. » Comment vouliez-vous qu'on colonisât, comment voulez-vous qu'on colonise encore dans de telles conditions, sous l'empire d'aussi poignantes préoccupations ? Le moment est-il venu de réparer le passé et de préparer l'avenir? Il y aurait plus de duperie que de bon sens à l'espérer. Néanmoins, regardons comme un devoir d'exposer l'idée qui nous paraît être le remède sauveur. Mais il est indispensable d'établir préalablement la base de la colonisation algérienne et ce que nous appellerons *l'unité de colonisation.*

Le sol de l'Algérie n'est point cultivable dans les mêmes conditions que celui de la France. Il faut y établir, généralement du moins, la grande culture et encore, à cause de la différence des productions, celle-ci doit-elle être plus large et plus coûteuse que chez nous ; c'est-à-dire qu'elle exige de grandes surfaces, une puissante aggrégation de bras et de capitaux, avec une direction unitaire et savante. C'est quelque chose d'assez semblable à l'agronomie coloniale. Il est visible que des individus pauvres et isolés ne pourraient prétendre aux productions les plus riches et les plus productives de l'Algérie, telles que : la soie, la laine, le coton, le chanvre, pour les matières textiles ; pour les plantes commerciales ou les cultures arborescentes, l'olivier, le nopal, la garance, le tabac, le sésame, etc. Si l'on veut, en outre, se livrer avec quelque profit à l'élève des bestiaux, comme les indigènes (mais en pratiquant le régime de la stabulation); si l'on veut exporter des grains, et rivaliser à Marseille avec les blés de la Turquie et de la mer Noire (ce qui serait peut-être imprudent); si l'on veut encore, et c'est là la clef de toute richesse agricole, féconder le sol au moyen de nombreux réseaux d'irrigation, ce n'est qu'à l'aide de la grande culture qu'on pourra y parvenir. Mais comme nous ne voulons point l'obtenir par les grands propriétaires, qui font payer trop cher leur argent, et qui y seraient, du reste, impuissans, nous la demanderons à un vaste système d'association, dont l'esprit, l'ardeur et la puissance auraient encore pour effet de faire disparaître certaines difficultés morales et matérielles qui ont arrêté jusqu'à présent le mouvement colonisateur.

Ainsi donc, ce que nous voulons c'est l'établissement de la grande culture et de la petite propriété, cette plus parfaite formule de toute richesse territoriale, qui ne peut plus être qu'une utopie pour nos sociétés européennes. Cette association des bras et des capitaux sur une terre aussi fertile que l'Algérie (on choisirait les parties les plus fertiles) aurait pour résultat de rendre les colons heureux et riches, entreprenans et industrieux. Dès lors, cette crainte aujourd'hui incessante des hostilités ouvertes ou des perfidies ténébreuses des Arabes ferait place à une sécurité entière, ce qui est la condition indispensable de toute prospérité. Ceux là même qui auraient créé la fertilisation du sol en recevraient le bénéfice exclusif, ce qui est juste et obligatoire. Enfin, cette sécurité et cette richesse des colons chasseraient alors devant elles, comme le soleil chasse les brumes du matin, ces influences nostalgiques, ces défaillances morales qui nous assiègent et nous déciment quand nous avons dit un dernier adieu à la demeure de nos pères, et quand nous allons transplanter notre vie, notre âme sous un ciel étranger, sous un climat nouveau.

Voilà, selon nous, le principe et la base de la colonisation qui doit couvrir le sol de l'Algérie. Il ne s'agit plus que de déterminer les limites et les moyens de l'association, c'est-à-dire l'agencement de cette grande culture et de cette petite propriété. Les meilleures conditions nous paraissent être celles-ci : association de cinq cents familles de la même contrée, du même département, possédant un territoire commun; chaque famille ayant néanmoins, outre sa part de communauté, une portion de terre où elle déverserait son plus ou moins d'activité, d'industrie, et où elle accumulerait enfin ses épargnes de temps et d'argent. Une sorte de conseil municipal gérerait la fortune publique, mais la direction des travaux serait attribuée, et c'est là l'important, à un chef ou directeur, homme d'une haute moralité, connaissant également bien le travail et l'organisation du travail ; homme enfin d'un dévoûment éprouvé et digne de toutes les sympathies. On nous dira peut-être qu'il ne nous faudrait pas moins que la lanterne de Diogène pour trouver cet homme, mais, comme on le verra, c'est par là surtout que brille notre plan d'association.

Le travail serait ainsi réparti : on cultiverait en commun toutes les productions qui exigent l'association. Par exemple, ni une ni dix familles ne pourraient installer ni conduire une magnanerie. Au contraire, un homme habile, avec les seuls enfans de la communauté, lui fera produire des sommes considérables. Le tabac doit être manipulé avec soin, des enfans y suffiront encore sous une bonne direction. Livrées à elles-mêmes, les familles de ces enfans en seraient incapables. En flattant et en dirigeant l'aptitude des jeunes gens, on aurait aisément de beaux chevaux. La communauté aurait donc son haras, ses écuyers, ce qui n'empêcherait pas chaque famille de posséder sa jument, ses vaches et ses moutons mérinos. Les oliviers, cotonniers, nopals, orangers, girofliers, indigotiers, borderaient dans de vastes étendues les routes et les champs, chacun les surveillerait à l'envi.

Chaque famille aurait, comme propriété particulière, sa maison et dix ou quinze hectares de terre selon son choix. Profitant des irrigations établies en commun, elle cultiverait fructueusement son domaine réservé et un splendide jardin peuplé d'orangers, de citroniers, de vignes malaga, de figuiers et cent autres productions méridionales. Dans de pareilles conditions, un jardin seul est une véritable fortune.

La famille ne devrait à la communauté qu'un certain nombre de journées de travail; le chiffre en serait fixé par un conseil. Puis, comme l'homme est trop imparfait peut-être pour vivre dans un milieu trop parfait, au bout d'un certain temps chaque famille aurait le droit de renoncer à la communauté pour se renfermer dans la sphère de son individualisme. On vendrait alors le *communal* au profit de chaque famille, et on ne manquerait pas d'acquéreurs pour des terres offrant des revenus assurés et considérables.

Voici donc ce que nous appellerons l'*unité* de colonisation : association de 500 familles avec un capital de 1,200,000 fr. dont il sera parlé plus loin. En y ajoutant quelques enfans trouvés et quelques aggrégations indigènes, on aurait ainsi une population fort respectable de près de 3,000 individus. C'est une véritable ville qu'il faudrait fonder au milieu du territoire qui lui serait assigné. Nous voudrions, en effet, que toute cette population fût renfermée dans la même ville, ou dans deux quartiers juxta-posés, de manière à jouir en commun des travaux de défense, d'irrigation et de certains établissemens publics, tels que : église, tribunal, écoles, haras, magnanerie, forge, quartier pour l'instruction de la milice, etc. Cette considération nous semble capitale, — de plus petits centres ne pourraient ni supporter le poids ni apprécier la portée de ces précieux élémens de bonheur et de richesse.

Pour la défense des terres, chaque village serait

flanqué de quatre ou six blokaus qui l'entoureraient et où une petite garnison, tenue par la milice, veillerait aux incursions des maraudeurs.

« Établir environ trois cent cinquante de ces associations en Algérie, trois cent dix ou trois cent vingt dans chacune des trois provinces, tel est le problème que nous voulons résoudre. On a dit et répété qu'il était impossible, absurde même, de vouloir *improviser une population* en Algérie; nous croyons la chose aussi facile que féconde. »

On tourne aujourd'hui dans un cercle vicieux, qu'un auteur assez célèbre a résumé ainsi, dupe de sa bonne foi, sans doute : « La colonisation n'est pas d'abord dans les colons ; elle est, avant tout, dans les Arabes, dans l'organisation politique à leur donner et dans la pacification du pays. » Selon nous, c'est vouloir boire la mer, pour mettre à sec des bâtons flottans. Pour parler clair, renversons ce système qui nous a déjà valu tant de déceptions; noyons la race indigène au milieu d'une population française nombreuse et bien organisée. Les Arabes sont aujourd'hui comprimés par la présence de cent mille hommes de troupes. Remplaçons ces troupes par un million de colons ; pressés de toutes parts, les Arabes accepteront bien mieux encore notre domination, et pour nous cette situation précaire, épuisante, honteuse, deviendra solide, féconde et glorieuse.

Du reste, la population indigène ne sera pas oubliée dans notre plan. Nous pensons qu'il faut lui assigner des terres, la gratifier de secours généreux et bien entendus, afin qu'elle devienne sédentaire et prenne goût au travail. Mais pas de milieu : guerre et expulsion du Tell pour tous ceux qui ne tiendront pas compte de nos bienfaits; paix et généreuse assistance aux autres.

Quant à la question de propriété du sol, il est certain qu'il y a assez de place dans le Tell pour un million d'Arabes et un million de Français. Que les indigènes renoncent, s'il le faut, à leurs cultures extensives et vagabondes. Mais si, de peur de les gêner, on ne se décide pas à trouver place pour nos nationaux, il n'y a qu'à abandonner notre conquête et à porter ailleurs nos millions et nos efforts.

Nous voulons diviser l'œuvre de la colonisation en trois périodes, et peut-être en deux seulement. Trois ans doivent suffire pour établir cent dix à cent vingt villages ou associations; et nous pensons qu'à la sixième année, c'est-à-dire après l'établissement de la seconde centaine, l'élan étant donné et la colonisation naturelle, spontanée, ayant reçu une vigoureuse impulsion, il sera inutile de poursuivre jusqu'au bout le système indiqué.

Le Royaume-Uni d'Afrique, ainsi colonisé, donnerait à notre patrie gloire, puissance et richesse ; nous ne retirons de la misérable Algérie que honte, faiblesse et épuisement. Dans une pareille question, dont les termes sont acceptés par tout le monde, un généreux effort est-il donc impossible? Il est évident qu'il faut faire un effort! Le péril est extrême et appelle un énergique remède, une grande décision, *parce que nous avons accumulé seize années de fautes et d'incuries*. Ce que nous allons proposer eût été mauvais, du moins inopportun après 1830. Alors on pouvait espérer la colonisation naturelle, et c'était le moment des mesures sages et préparatoires, des moyens tempérés. Alors il suffisait d'assurer la subsistance sur place des troupes et des colons civils ; on pouvait donc songer à des *essais* de trois millions ; la condition normale était d'attendre et de préparer. Mais aujourd'hui la question se présente sous un bien autre aspect et dans des conditions bien différentes.

Seize années se sont écoulées! seize années d'efforts impuissans devant l'Europe! seize années de sacrifices écrasans pour le pays! Et encore sommes-nous moins avancés aujourd'hui qu'en 1835, par exemple, car aujourd'hui nous avons l'espérance de moins. Qu'on y songe donc, il ne s'agit pas de faire normalement une chose normale; il s'agit de réparer le passé, de sauver l'avenir; pour cela il faut un grand effort; il faut secouer la torpeur du *statu quo*; il faut jeter un seau d'eau au visage de nos ministres pour qu'ils reviennent au sentiment de la réalité et qu'ils voient tout le mal qui s'est fait durant leur sommeil.

Que faut-il, du reste, pour réaliser notre système, qui, après tout, est le système de tous, celui de M. Bugeaud, de M. Enfantin, de M. Landmann?

Des travailleurs? N'en avons-nous pas en France des millions? Combien d'honnêtes familles se lèvent chaque matin, bien avant le lever du soleil, pour fatiguer tout le jour un champ exigu et pierreux! Le paysan français, c'est tout à la fois la personnification du travail et de la misère. Montrez-lui donc la terre promise! En appliquant le capital de son travail à cette terre d'Afrique si fertile et si étendue, vous créerez une richesse énorme!

Que faut-il encore? de l'argent? Mais, au nom de votre conscience, messieurs les ministres du roi et messieurs les députés de la nation, vous nous faites dépenser, vous nous faites PERDRE chaque année, en bons écus bien comptés, 130 millions! De 1847, où nous sommes, à 1857, où nous allons, c'est environ un milliard et demi qu'il faut entamer dès aujourd'hui. Pourquoi réserver tant de trésors, sueur de notre pauvre peuple, aux stérilités de la conquête; pourquoi ne pas faire la part des semences? Prenez un système de colonisation *quel qu'il soit*, si vous ne voulez pas du nôtre; secourez-le; donnez à la bêche qui produit un peu de ce que vous donnez à la baïonnette qui détruit, et cette œuvre de simple bon sens deviendra un acte de patriotisme qui honorera votre vie.

Nous n'avons pas la prétention de peupler et coloniser l'Algérie sans hommes et sans argent. Veut-on appliquer utilement ces deux moteurs de toute œuvre humaine, nous allons indiquer comment, à l'aide de sacrifices assez minimes et très-possibles, on peut arriver à des résultats on ne peut plus féconds sous tous les rapports.

Que l'on excuse un moment cette singulière façon de poser la question : Qu'est-ce que Paris?

C'est le résultat composé de toutes les forces vives du royaume convergeant vers un centre unique, cette capitale. Par un mouvement de chaque jour, graduel et insensible, nos départemens ont combiné une œuvre, un prodige, qui, sans les appauvrir, bien au contraire, a donné une puissance énorme à de certaines forces, qui autrement se fussent perdues, évaporées. La centralisation a créé ainsi ce phénomène curieux, qu'une parcelle infiniment petite de territoire, et qu'une population relativement restreinte sont devenues la représentation souveraine et quintessencielle, le nerf agissant, le cerveau vivificateur de tout ce qui les environne, de tout ce qui les a engendrés. On pourrait dire, en quelque sorte, qu'ici la partie est plus grande, plus puissante que le tout. Cela se comprend sans doute, mais n'en est pas moins l'effet d'une haute civilisation, ou, pour mieux dire, l'effet d'une puissante combinaison et condensation de forces *suscitées*, qui, avec une capitale, un réservoir de moins, eussent traversé l'air, ignorées et perdues.

Eh bien! renversons le système de la centralisation actuelle; appliquons un moment à l'Algérie, en les réveillant, en les surexcitant par un généreux appel, toutes les forces inoccupées et irrésistibles qui sommeillent encore dans les provinces du royaume. Que ces provinces, qui ont engendré et allaité ce gigantesque Paris, merveilleux génie de la civilisation moderne, donnent un trayon de leur mamelle à l'Algérie, et nous verrons une autre merveille resplendir sur les rivages du nord de l'Afrique. Que nos départemens se tournent donc vers l'Algérie; que chacun dirige, de son propre centre à un point choisi de notre conquête, un rayon conducteur et vivifiant. QUE CHAQUE DÉPARTEMENT, ENFIN, AIT SON ÉTABLISSEMENT, SA COLONIE EN ALGÉRIE ; que l'effort de tous soit alors concentré sur une même province, appliqué à une œuvre semblable, mais séparée, distincte, de manière à exciter un zèle généreux, et à réduire à de très-minimes proportions l'œuvre de chacun. Et, comme le corps ne peut se mouvoir sans la tête et malgré elle, que la famille royale, qui est riche, intelligente de ses intérêts matériels, seconde ce mouvement. C'est un royaume à gagner! une nouvelle toison d'or à conquérir ! Que ces princes, nourris et gonflés d'hommages, apprennent à les mériter par un noble effort; qu'ils se mettent à la tête de cette croisade où il y a tout à gagner : profit, honneur et gloire, « avec un bail de royauté à long terme. »

— Le roi Louis-Philippe et ses quatre fils établiraient chacun un centre de population, tel que que nous l'avons indiqué, dans les mêmes conditions et avec les mêmes avantages que nos départemens, auxquels il s'agit de donner l'exemple et l'impulsion. Chacun de nos 86 départemens prendrait le soin d'un établissement, d'une colonie, composé de cinq cents familles de métayers ou de petits colons, prises dans son sein. Nous l'avons dit, toutes ces colonies seraient semblables, mais distinctes. En outre, et afin que la tâche fût, autant que possible, égale pour tous, et qu'un département riche et populeux ait proportionnellement la même charge et le même mérite qu'un département moins favorisé, les grands chefs-lieux, qui sont comme les capitales auxiliaires de la France, se chargeraient particulièrement, en dehors de la participation départementale, d'une fondation pareille à celle du reste du département. Ainsi, Paris, Lille, Strasbourg, Rennes, Rouen, Nantes, Tours, Limoges, Lyon, Bordeaux, Toulouse, Marseille, se trouveraient dans cette honorable exception. En comptant la coopération de nos quatre colonies à esclaves, de quelques grandes compagnies de chemin de fer, on obtiendrait cent dix à cent vingt chefs-lieux de colonisation en Algérie, correspondant à un même nombre de centres colonisateurs en France.

Comme nous l'avons annoncé en commençant, cette idée est bien simple, presque vulgaire; elle renferme cependant, et dans les conditions les plus complètes et les plus désirables, cette colonisation stérilement rêvée depuis tant d'années. C'est improviser une population de près d'un million d'âmes, mais en divisant cette improvisation en trois grandes périodes, fractionnées elles-mêmes en cent vingt sphères distinctes, indépendantes dans leur effort comme dans leur action, de manière que l'œuvre devienne très-réduite, et s'opère sans confusion possible.

L'État, c'est-à-dire le représentant collectif de notre société, ne peut rester en dehors de ce mouvement extraordinaire. Tout en faisant appel à la province en général, notre système ne peut, comme le fisc, frapper à la porte de chaque citoyen. Cependant, l'universalité des citoyens représentée par l'État ne peut être indifférente à l'endroit d'une colonisation qui *diminuerait bientôt d'un dixième* l'impôt payé par tous, qui accroîtrait la puissance de la nation, et donnerait un magnifique essor au commerce et à la marine.

L'État intervient donc dans le plan financier, lequel est aussi simple qu'équitable, aussi productible que peu onéreux, car il est très-facile de le bien distribuer. L'État fera la moitié des premiers frais d'établissement. Le don sera gratuit, attendu que les bénéfices généraux, nationaux de la colonisation, rémunéreront l'État, la nation, et bien au-delà de leurs sacrifices.

Quant à la seconde moitié des dépenses, ce serait l'objet d'un arrangement entre le département et ses colons. Là est le détail, mais non la difficulté, car, pour peu qu'on ait confiance dans la fertilité de l'Algérie et dans l'efficacité du système proposé, il est évident que les seconds capitaux, faisant litière des premiers, seront en dehors de tout mécompte, et assurés, au contraire, de bénéfices très-importans.

Maintenant, que coûterait l'établissement en Algérie de cinq cents familles? Quel sera le chiffre de la subvention de l'État? C'est là un point important sans doute, mais ce n'est pas le plus important. Il faut coloniser *à tout prix*; il faut combler le gouffre béant prêt à engloutir notre honneur et nos dernières richesses. C'est à la fois du bon sens et de l'économie. Et, qu'on y songe, ce qui sera, en définitive, le plus économique, ce n'est pas ce qu'on présentera comme le meilleur marché. M. Bugeaud est bien mieux inspiré encore sur ce point que M. de Lamoricière. Pour coloniser, il faut les trois choses que demandait Turenne pour faire la guerre : 1° de l'argent ; 2° de l'argent ; 3° de l'argent. Marchander est ici une sottise ; donner 86 fr. à une famille, c'est à peine de quoi pendre la crémaillère ; et, si ce chiffre était suffisant, nous le trouverions trop bon marché. Mais il n'est pas suffisant, et il faut cinq et six demi-dépenses pour en faire une entière.

Aussi, on comprend que nous n'avons pas l'intention d'atténuer, de dissimuler le chiffre de l'établissement de notre système. Lorsqu'on construit un Versailles ou qu'on est au milieu d'une guerre, on n'y renonce pas pour quelques millions de différence dans ses prévisions. Nous pensons qu'avec 1 million ou 1,200,000 fr., on peut suffire aux frais de premier établissement de cinq cents familles. Si cette somme n'est pas jugée suffisante, qu'on l'augmente ; il n'y a pas d'autre remède. Si les départemens ne peuvent fournir leur contingent, que l'État les supplée. Que ceux enfin qui trouvent cette organisation mauvaise en donnent une meilleure. Il y aura toujours quelque chose de plus mauvais que notre système, c'est l'absence d'un système.

Revenons à quelques détails d'organisation, et surtout à la direction supérieure, qui est la clef de voûte de toutes ces petites fondations, dont la masse formera un immense et magnifique édifice colonial.

Chaque conseil général, ainsi que tous les *assembleurs* d'association, aurait donc 600,000 fr. de subvention pour établir, selon ses idées, 500 familles en Algérie. Son premier soin serait de choisir le chef auquel il confierait la conduite de l'entreprise la plus grande par son but, et la plus palpitante par sa rivalité dont ait jamais été honoré un département isolé. Le chef, ici, c'est le drapeau, le moyen du triomphe. En des circonstances à peu près semblables, cette vérité a été pleinement reconnue par M. le maréchal Bugeaud. Il ne suffit pas, en effet, d'avoir des hommes et de l'argent, il faut encore combiner judicieusement ces deux forces motrices et en dégager toute la puissance séminale qu'elles contiennent; c'est la part de l'intelligence. Cette part est d'autant plus indispensable et sa tâche d'autant plus difficile en Algérie, que l'agronomie y est nouvelle pour nos nationaux, que cette agronomie ne peut y réussir que par de puissantes associations, opérant sur une large échelle commerciale, et que l'ignorance ou une mauvaise direction la rendraient impossible. Voilà justement l'écueil de toute intervention directe de l'État en Algérie. L'État est aujourd'hui débordé par le favoritisme et par la corruption. Si la barbarie met en vente des esclaves à Constantinople, une civilisation déchue et corrompue tient bazar de consciences à Paris. — Ces cent mille votans qui donnent la majorité légale au *système* ont leurs exigences et leurs pauvres ; il faut payer les votans et faire leurs aumônes. On donne des emplois, et, par parenthèse, nos ministres croient avoir acquis le droit de nous mépriser en masse. L'exemple de ce qui est prédit assez les dilapidations et la stérilité de la colonisation que nous proposons, si l'État la dirigeait. C'est pour cela que nous avons voulu réserver aux conseils généraux le choix du chef qui serait à la tête de la colonie départementale. Les conseils généraux vivant en dehors des influences gouvernementales sont animés d'un bon esprit et dans la nécessité, comme en situation, de faire un bon choix. Il est aisé, dans les horizons paisibles de l'honnête province, de découvrir sous quelque vieille et fidèle tourelle ou sur le seuil hospitalier d'une simple maisonnette, un homme d'une nature franche et dévouée, ayant une tête organisée pour le commandement et un cœur qui sache imposer la sympathie. Nos campagnes renferment de grandes et sincères intelligences qui n'attendent que l'occasion de se révéler et de se dévouer. Si la France a toujours été à la tête des nations, elle le doit aux hommes d'élite de toute nature qui surgissent au premier signal. Ici, il n'y a plus vente et mépris; c'est l'appel de l'honneur à l'honneur. D'ailleurs, outre que l'entreprise est très-capable de surexciter un homme de quelque valeur, la rivalité de cent collègues marchant concurremment au même but, dans des conditions tout à fait identiques, corrigerait à elle seule les défectuosités du savoir ou du vouloir.

Le chef-directeur, assisté du meilleur agent-voyer du département, devrait d'abord aller se joindre, en Algérie, à ses collègues. Ils iraient reconnaître ensemble les terrains de la province dont il serait fait choix pour la colonisation. Chacun déterminerait l'emplacement de son choix. Quelques conférences et la diversité des projets jetteraient bientôt la plus grande netteté sur les meilleures méthodes d'installation, de règlemens et de propriété. Les agens-voyers auraient pour mission de reconnaître le plus ou moins de facilités à la défense, à l'irrigation et à la construction.

Après trois mois, le directeur pourrait remettre au conseil général, extraordinairement assemblé, un projet élaboré sur place, appuyé d'expériences locales. Les devis de dépenses et recettes seraient évidemment accueillis avec confiance. Supposons que la somme de 1,200,000 fr. ou environ fût jugée suffisante pour les frais de premier établissement, et que, au chapitre des recettes, il fût établi qu'avant quatre ans le minimum serait de 100,000 fr. et le possible, dans un avenir rapproché, de 250 à 300,000 fr., la province ne prêterait-elle pas l'oreille?

On demanderait donc 600,000 fr. à l'intérêt privé : on les demanderait aux riches propriétaires, à l'industrie, au commerce; on ferait appel au patriotisme. Personne n'oserait reculer, et l'on verrait peut-être, au contraire, se disputer l'honneur de porter haut l'esprit d'entreprise du département. Ces 600,000 fr. ne produiraient qu'un maximum d'intérêt à 6 p. 100. Le département devrait-il garantir un minimum? Nous pensons que, comme on s'adresserait à des prêteurs intelligens et animés d'un sentiment patriotique, il n'en serait point fait une condition, condition qu'on pourrait accepter, du reste, sans imprudence. Un territoire fertile, cultivé par les meilleurs procédés, possédant des bras et des capitaux en abondance, donnerait partout plus de 4 et 6 p. 100 net, même dans les landes. En Afrique, où le terrain est vierge et serait choisi, où les cultures sont si riches, si assurées d'un débouché illimité, où il n'y a qu'un capital d'exploitation sans frais d'acquisition, on retirera certainement l'intérêt *de la moitié du capital d'exploitation.* Supposer le contraire est absurde, comme cela se dit en algèbre.

Il est plutôt à croire que si l'on offrait à la rapacité des vautours de nos grandes places tout l'intérêt que doivent ainsi rapporter les 600,000 fr. en question, ils les souscriraient immédiatement. On ne peut douter, en effet, qu'avec notre organisation on ne retire bientôt 30 et 50 p. 100 du second capital; c'est-à-dire 15 et 25 p. 100 des deux capitaux réunis. *Si ces espérances n'étaient pas judicieusement basées et même modérées, il faudrait à l'instant déguerpir de l'Algérie.*

Mais, au nom du ciel et de l'humanité, il est juste que nos pauvres familles d'émigrans reçoivent le bénéfice entier de leurs sueurs et de leur dévoûment. Ces pauvres gens partiront sans espoir, sans pensée même de retour; il leur faudra mourir là-bas! Qui de nous voudrait partir à ce prix? Ne serait-il point barbare de les sacrifier à l'agiotage de nos industriels ou à l'ambition de nos grands propriétaires? Qu'on leur prête de l'argent à 6 p. 100, hypothéqué sur leur travail, sur leur probité, sur la fertilité du sol; que leur vie et leur expatriation ne soient point les enjeux d'une hideuse spéculation! Et d'ailleurs, combien ce que nous proposons serait plus fécond, en même temps que plus moral! La terre ne prodigue ses fruits qu'à la condition qu'on lui en abandonnera les détritus pour les féconder. Ce qui est vrai pour l'économie rurale est vrai aussi pour l'économie sociale. Un pays au sein duquel des habitans riches et industrieux dépenseront les richesses qu'il leur aura prodiguées est assuré d'une prospérité prodigieuse. Laissez, au contraire, ces habitans misérables et impuissans, pour gratifier du fruit de leur labeur quelques habitués de l'Opéra, Paris n'en sera pas plus riche, et l'Algérie végétera toujours, périra peut-être. Comme nous l'avons déjà dit, c'est renouveler l'histoire de la malheureuse Irlande.

Qu'on comprenne bien, d'ailleurs, la situation : si l'État fait quelques sacrifices, il gagne une colonie, un royaume; s'il donne de l'argent aux prolétaires, il le leur donne au profit de la France. Quant aux donateurs des départemens, ils coopèrent à une œuvre nationale, ils rivalisent pour une suprématie locale; ils ont 6 p. 100 de leur argent, et ils ont le plaisir de voir le surplus des bénéfices profiter à d'honnêtes gens qu'ils connaissent, qu'ils aiment.

Il est vrai que les bénéfices de nos émigrans seraient considérables. Pour en donner une idée, nous allons transcrire l'exposé des résultats obtenus par les trappistes de Staouëli, dans le Sahel d'Alger :

« Établis avec une concession de terres incul-
» tes et une subvention de 62,000 fr., c'est-à-dire
» une somme ne représentant guère plus de
» 3,000 livres de rente, les trappistes d'Alger ont

» créé un revenu qui peut être évalué maintenant » à 25,000 fr., et cependant ils ont une vaste hô» tellerie gratuite pour les voyageurs ; ils en re» çoivent dix par jour environ. Tous les colons » sans ouvrage, les convalescens des hôpitaux, » sont assurés de trouver là du travail, un abri et » du pain. Les trappistes ont donné à leur fonds » une augmentation de valeur de 400,000 fr. Ils » vendent un excédant de bétail qui est vivement » recherché ; la viande de Staouëli est partout re» connue pour la meilleure.

» Ils ont planté trois mille mûriers, mille ar» bres fruitiers et un essai de vignes d'un hectare; » ils ont, en outre, cultivé et ensemencé 300 hec» tares, dont 180 défrichés et convertis en prai» ries, 45 en céréales, 11 de broussailles aména» gées en bois taillis, et enfin 10 de guérets, ja» chères et terres préparées ; ils élèvent plus d'un » millier d'animaux, et nourrissent journellement » cent individus, dont soixante religieux, trente » ouvriers civils et dix visiteurs ; ils ont élevé un » monastère construit sur quatre faces, une grande » et belle chapelle, une ferme, des moulins, divers » ateliers de forge, serrurerie, charronnage, me» nuiserie, boulangerie, magasins, formant en-

» semble une construction carrée de 100 mètres
» de côté; enfin, sur la route, une vaste hôtelle-
» rie pour les voyageurs. La valeur de ces cons-
» tructions s'elève à plus de 500,000 fr. »

Certes, voilà un exemple concluant; et cependant il est loin d'être complet, car l'établissement des trappistes était trop récent pour qu'ils pussent recueillir encore le fruit de leurs plantations. A supposer, ce qui est vraisemblable, que ces religieux aient ajouté quelque chose à la subvention du gouvernement, on voit qu'avec 100,000 fr. cent travailleurs ont créé, au bout de trois ans et tout en pratiquant l'aumône, 25,000 fr. de revenus. Dans les 500 familles dont nous proposons l'établissement en commun, il y a plus de mille bons travailleurs; ils ont plus d'un million à dépenser; ils devraient donc produire 250,000 fr. Et on sait que, surtout pour les cultures industrielles, la production suit une sorte de progression géométrique par l'effet de l'agglomération des travailleurs. Mille individus réunis produisent, non pas dix fois, mais quinze fois plus que s'ils n'étaient que cent.

Chaque famille vivrait, et bien au-delà, avec le produit particulier de ses champs, de son jardin.

Il lui resterait en bénéfice net le produit considérable, on le voit, du travail collectif. Ainsi, les 60,000 familles que nous voulons implanter immédiatement en Algérie, les 120,000 qui les suivraient dans les deux autres périodes, formeraient un corps de propriétaires terriens excessivement riche et puissant. Serait-il donc difficile, en électrisant la nation, en faisant appel aux conseils généraux, en mettant à la tête de l'entreprise un homme considéré du département, qui s'adjoindrait le curé, le juge de paix, l'instituteur, le médecin jouissant de la considération publique; serait-il difficile, disons-nous, de faire comprendre à nos paysans du Nord, au caractère industrieux, et à nos paysans du Midi, qui ont l'esprit si vif, qu'ils ont à troquer leur misère et leur abrutissement contre la richesse et la vie à pleins poumons !

Que le roi se mette à la tête de cette grande entreprise; que ses quatre fils, jeunes gens intelligens, bien intentionnés sans doute, mais qui se cloîtrent trop au milieu de coteries galonnées; que Mme la duchesse d'Orléans, au nom de ses fils et en retour de cet attachement respectueux et sympathique qui s'est mystérieusement infiltré au cœur de la nation, patronnent chacun un établissement. Assez d'hommes dévoués et capables leur répondent d'une sage direction, d'une bonne réussite. L'État avance à chacun 600,000 fr.; certes, la pléiade royale n'a qu'à lever le doigt pour voir venir à elle plus de familles qu'il n'en faut, et suffisamment riches pour ajouter le second capital. Ce serait faire bien des heureux sans bourse délier; ce serait donner l'impulsion à cent autres groupes colonisateurs; ce serait enfin retrouver le secret de ce ressort tout puissant qui fait mouvoir la France comme un seul homme!... *Aures habent et non audient!...*

Si la cour donnait ce noble exemple, *nul doute que nos quatre-vingt-six départemens, les douze villes les plus considérables du royaume, nos quatre colonies et nos principales compagnies ne le suivissent.* Ce serait un grand jour, car ce serait la seconde et la meilleure conquête de l'Algérie.

Étrange aberration, bien digne de la nation la plus spirituelle du monde! En 1830, dans le seul but de punir une misérable insulte, on a presque insulté, défié du moins l'Angleterre, on a fait un *branle-bas* général dans le pays, on a armé une flotte immense, équipé une armée expéditionnaire, dépensé les millions sans compter, et au milieu des transports universels, on a conquis..... quoi? le droit..... de courber la tête devant l'Angleterre; le droit..... d'offrir chaque jour à un nouveau minotaure le sang de mille jeunes soldats; le droit..... d'appauvrir annuellement notre sol de cent millions pour les jeter à l'eau.....

Aujourd'hui on proposera de féconder la conquête à l'aide de moyens mille fois plus minimes : de mettre des colons, des bêches et des semences là où il n'y a que des soldats, des baïonnettes et des balles... cet effort paraîtra impossible !... Pauvre gouvernement ! pauvre nation ! ou plutôt pauvre humanité, car c'est partout la même chose !

Reprenons. Lorsqu'après le premier voyage d'investigation, et sur les données exactes qu'il aurait fournies, le directeur aurait constitué la société d'exploitation (engagemens pécuniaires et engagemens personnels), prenant avec lui un certain nombre d'ouvriers de divers états, il retournerait en Algérie pour jeter les premières bases de l'établissement départemental. L'Etat lui fournirait cent soldats, lesquels recevraient un supplément de 50 centimes par jour de la part de l'établissement. On édifierait d'abord l'acropole, c'est-à-dire quelques vastes bâtimens destinés plus tard aux magasins, aux écuries, mais qui, provisoirement, offriraient un abri suffisant aux premiers émigrans.

On défricherait avant leur arrivée les terres les plus fertiles, de telle sorte qu'au bout de huit mois on aurait une récolte, et bientôt après des abris commodes, des maisons, avec la nourriture nécessaire. Il faut avoir vu ou pratiqué de pareilles installations pour bien se figurer l'économie qu'elles comportent. Un colon, parti le 1er de la métairie où il vivait, peut aisément arriver le 15 au village qui, dès ce jour, pourvoira à ses besoins. En lui facilitant le transport de ses effets les plus précieux, en le faisant partir et arriver en temps opportun, cette transplantation peut être accomplie sans aucune espèce de perte ou d'embarras. Ces paysans, liés déjà d'amitié, et liés désormais d'intérêts puisqu'ils doivent vivre, travailler, devenir riches ensemble, partiraient joyeusement, car leur expatriation commune serait à peine sensible. Ils se tiendraient lieu mutuellement de la patrie absente.

Il n'y aurait point d'empêchement ni de confusion entre les colons qui fourniraient ou ne fourniraient pas d'argent au fonds commun. Les souscripteurs recevraient un minimum et un maximum de leur argent : 4 et 6 p. 100. Pour tout le reste, les droits et les bénéfices seraient égaux.

La colonie départementale serait complète, entièrement installée au bout de deux ans et demi à trois ans. L'Algérie serait alors sauvée, acquise à jamais! Et qu'on n'argue pas d'embarras ou de désordres dans ce grand mouvement. Si l'œuvre est grande, elle est divisée en cent sphères d'actions parfaitement distinctes et indépendantes. C'est de la centralisation et de la fédération. Chacun de nos quatre-vingt-six départemens apporte sa pierre, et le monument s'élève magnifique et durable, parce que le concours est général et dirigé dans le même sens, vers le même but. Le département du Nord, avec 1,400,000 fr. de l'Etat, ne peut-il aisément établir mille familles en Algérie dans trois ans? Or, son action n'empêche nullement celle du département de la Seine ou des Bouches-du-Rhône; bien au contraire. Non-seulement il faut de puissantes associations pour remuer le sol Algérien, mais il faut encore que ces associations se soutiennent mutuellement. Il n'y a qu'un moyen de consolider la colonisation : c'est de la masser. Ainsi : réunion de cinq cents familles dans un même centre, avec une direction commune, et réunion d'un grand nombre de centres, se reliant entre eux sous une administration générale et supérieure, celle de l'Etat, celle de la province.

Ce principe est si vrai et d'une application si indispensable, que si on disséminait nos centres colonisateurs, ils ne réussiraient pas. Et voilà la force, l'excellence de notre projet, c'est qu'il permet d'être conséquent avec le vrai principe qui a enfin prévalu : l'occupation entière du sol. Il est plus qu'absurde de ne pas comprendre que ce qui a été la condition indispensable du succès de l'armée s'applique également à la colonisation. Tout le terrain qu'elle ne remplira pas, qu'elle ne dominera pas, sera contre elle. Ces grands propriétaires qu'on appelle ne pourraient jamais s'éloigner des banlieues ; il n'y aura jamais assez de sécurité dans le mouvement partiel, individuel, qui s'opère en l'état présent, pour qu'on ose pénétrer dans l'intérieur du pays. Aussi M. le maréchal Bugeaud a-t-il parfaitement raison de vouloir constituer de puissans centres militaires capables d'abriter la colonisation partielle, et de se soutenir eux-mêmes malgré l'agression et le défaut de sécurité. Mais nous voulons mieux ; nous voulons que la colonisation s'étende comme l'armée, dans toute la régence, qu'elle soit présente partout, que *partout* elle soit forte, mieux constituée et plus nombreuse que la race indigène ; dès lors, plus d'armée ; des garnisons comme en France.

Et c'est ainsi seulement que nous pourrons prétendre au rôle de civilisateurs en Afrique. Comment une nation généreuse et intelligente comme la nôtre ne comprend-elle pas tout ce qu'il y a d'absurde, de révoltant dans cette guerre stérile et incessante, qu'on dirait renouvelée d'Alaix et de Gomez. Au lieu d'être assez forts, assez généreux pour comprimer les derniers débats d'une noble résistance, — les Arabes défendent leur sol et leur foi,—nous l'excitons, nous la nourrissons comme à plaisir, par nos faiblesses et nos incertitudes. Car c'est en voyant nos hésitations éternelles, nos demi-mesures souvent contradictoires, notre indigne silence devant les protestations impudentes de l'Angleterre, que les Arabes se sont pris à espérer et à combattre. « Ils méprisent tout ce qu'ils ne craignent pas. Indépendans par habitude, les Arabes résistent tant qu'ils espèrent ; fatalistes, ils obéissent dès qu'ils n'espèrent plus. » Ils ont compris que, dans l'état actuel, tout était possible, comme ils ont compris que leurs bois solitaires, leurs champs ravagés, les ravins incultes leur étaient autant de complices et d'auxiliaires. Et nous n'avons pas compris, nous, qu'avec une colonisation compacte, riche, joyeuse et puissante, avec ses toits fumans, ses champs cultivés, ses routes, ses haies, ses arbres chargés de fruits, moralement on dépossédait l'Arabe, tout en lui enlevant ses ressources matérielles. Devant notre colonie couvrant toute la régence, ayant métamorphosé, francisé le sol, le sol était à nous et pour nous! C'est l'Arabe qui devenait étranger au pays.

Notre conduite actuelle en Afrique est celle de véritables Barbares, car nous tuons, pillons, dévastons, et cela même sans profit pour nous. Et pour arriver à ce résultat, nous avons mis dix-sept ans! Faudra-t-il le même temps pour comprendre qu'au lieu de 100,000 soldats, il serait glorieux et fécond de couvrir la régence d'un million de riches producteurs.

Ainsi donc, les 110 ou 120 colonies de la première période seraient placées dans la même province, dans une des deux provinces frontières. Nous préférerions d'abord celle d'Oran, parce que, mieux que nos soldats et avec leur aide, du reste, nos 300,000 colons y étoufferaient la guerre. A la seconde période, à la troisième année, on procéderait à la colonisation de la province de Bône. Et on doit comprendre maintenant pourquoi nous avons fait espérer que l'effort national devrait s'arrêter à ce moment. Il est évident que la province d'Alger, favorisée par une capitale déjà florissante, par la Mitidja, par tout ce qui y existe, et enfin par sa situation entre les deux provinces adjacentes devenues riches et populeuses, ne manquerait pas d'acquérir une grande prospérité. Dans les deux provinces indiquées, les colonies départementales seraient placées au-delà de la zone du littoral, c'est-à-dire dans les riches plaines de l'intérieur. Les propriétaires actuels des domaines du littoral, ainsi abrités, *deviendraient millionnaires*.

Comme le Tell n'est pas profond et que les productions de l'Algérie sont généralement luxueuses et peu lourdes, on établirait et entretiendrait facilement un bon réseau de routes. On pourrait accorder 50,000 fr. de plus, en dédommagement, aux établissemens qui seraient les plus avancés vers le Sahara, c'est-à-dire les plus éloignés des villes et des débouchés de la côte. Tous ces établissemens, au moyen des routes et des blockaus, se relieraient naturellement entre eux, quoique séparés par les tribus arabes. Pour maintenir celles-ci, on leur accorderait quelques secours en objets propres à l'agriculture. Comme il ne serait plus possible à Abd-el-Kader de venir les châtier au milieu de nos centres d'association, la moitié au moins des tribus se soumettrait sérieusement et de bonne foi. Il y aurait donc bientôt en Algérie un million de Français, et 500,000 Arabes au moins, à opposer à 500,000 indigènes comprimés, sinon soumis.

Ainsi, en 1850, avec une dépense de 70 millions, on peut avoir colonisé toute une province frontière et assuré tout à fait le sort de l'Algérie. La colonisation des deux provinces coûterait donc 140 à 150 millions, et ce serait tout, car, nous le répétons, la province d'Alger se peuplerait d'elle-même.

Ce projet est plus qu'économique ; il est prodigieusement lucratif. Il y a en ce moment 100,000 soldats en Algérie, environ 33,000 par province, et on sait que 1,000 hommes dépensent approximativement 1 million par an (le budget algérien est aujourd'hui de 127 millions et plus). Supposons que cet état dure vingt ans, et comparons-le, pécuniairement, à ce qui résulterait de notre projet.

La comparaison sera aussi facile que concluante. Avec 300,000 colons dans la province d'Oran, 15,000 hommes suffisent à sa garde; les provinces de Bône et d'Alger ont tout au plus besoin de 10,000 hommes chacune. C'est donc une épargne par an de 75 millions, ou de *un milliard et demi* en vingt ans. Calculons maintenant ce que rapporteraient, durant ces vingt ans, les 75,000 jeunes gens qui seraient ainsi rappelés dans leurs foyers ; calculons la production de nos émigrans et les échanges industriels qu'ils provoqueraient avec la métropole, nous arriverons à une addition de plusieurs milliards !

Ce projet a encore l'avantage de résoudre bien des difficultés.

En mettant 300,000 Français dans une province, cette province devient française; il faut bien qu'elle soit régie d'après nos lois, administrée d'après nos institutions. On peut la doter, alors, de sous-préfets, préfet et tribunaux, ce qui serait fort difficile aujourd'hui.

La colonisation doit-elle être civile ou militaire ? cela ne fait plus question. L'ordre et la force de l'organisation militaire *ne sont plus indispensables.* Un million de colons civils couvrant le sol vaut mieux que cent mille soldats campés et isolés en dix endroits, et cela coûte bien moins.

Ce qui vaut le mieux de la guerre avec la cavalerie ou l'infanterie, il est inutile désormais de le rechercher : plus de guerre ! une armée européenne organisée échouerait contre notre formidable établissement.

Comment faut-il traiter les Arabes ? En dominateurs bienveillans, et non plus en impuissans ennemis. Les indigènes de la plaine partagent avec nous les plus fertiles vallées; en retour, on les soutient contre l'émir, on leur accorde des secours d'argent. Les Kabyles seuls restent en dehors de nous; mais ils sont cernés de toutes parts, et bientôt vaincus par les appâts de notre commerce : *dans les montagnes*, plus fait douceur que violence.

Les protestations tacites et insolentes de l'Angleterre sont mises à néant. L'Algérie étant française, et de plus très-puissante, lord Palmerston lui-même comprendrait que le consul de sa majesté britannique ne peut tenir son *exequatur* du feu dey d'Alger.

Enfin, on dirigerait aisément la production et la consommation algériennes vers le côté le plus profitable à la métropole.

Pour terminer, nous pensons que nos populations rurales seconderaient vivement ce projet. Pour toute famille intelligente, c'est échanger la misère contre au moins mille francs, et peut-être dix mille francs de revenu. Chaque famille a sa maison, ses dix hectares de terres irriguées, où elle est indépendante; de plus, elle possède sa part des deux mille hectares du fonds commun. Qu'on ajoute l'exemption du service militaire durant vingt ans (il serait remplacé, du reste, par le service milicien), qu'on enregistre à un *droit fixe* et minime les ventes immobilières des émigrans, qu'on ménage des entrées aux hospices à tous les grands parens malades ou infirmes, incapables du voyage (on les remplacerait profitablement par des enfans trouvés), et en quelques jours, il y aura beaucoup plus d'appelés que d'élus.

Quoique peu considérable, eu égard à notre population rurale, cette émigration d'un million de prolétaires ne manquerait pas cependant d'être sensible. Il semble qu'elle allégerait le sol, que le pays s'aérerait. Là où végétaient dix chaumières misérables et des moissons chétives, s'élèverait une belle ferme, aux toits ardoisés, dominant un vaste domaine. L'esprit provincial, aujourd'hui renfermé dans un si étroit horizon, trouverait aussi une large échappée vers le monde extérieur. Il s'établirait naturellement un va-et-vient continuel entre le département et sa colonie. Chacun aurait l'exemple d'un parent, d'un ami, vivant très-bien ailleurs qu'au village, et faisant très-réellement fortune. Durant les longues soirées d'hiver, autour de l'âtre pétillant, on parlerait du beau soleil d'Afrique, des richesses qu'il fait éclore, même pour les pauvres gens, et avant la fin de la veillée, chacun aurait accompli son voyage fantastique au-delà de l'Océan.

Voilà pour le côté social et intérieur. Nous avons dit, en commençant, quels sont les avantages politiques, les influences extérieures d'une grande colonisation en Afrique. Trois mots les résument : gloire, puissance et richesse.

Ceci n'est cependant que la première moitié du plan général que nous voudrions appliquer à l'Algérie. Comment pouvons-nous répandre notre commerce et notre civilisation dans les profondeurs inconnues de l'Afrique? Comment pouvons-nous approvisionner Tombouctou et les centres si populeux qui sont sur la route? Nous répondrons, et très-sérieusement, car c'est une des idées les plus sérieuses et les plus fécondes qui aient jamais été offertes à l'avenir de la France, nous répondrons que *c'est en colonisant la Guyane* ; la Guyane, cet inestimable joyau que nous abandonnons stupidement pour aller jusqu'aux îles de la Société semer des millions et récolter des avanies, la seule chose qui nous réussisse bien partout.

On a fait bien des tentatives, et bien des projets récemment, pour la colonisation de la Guyane. Il n'en est jamais rien résulté, parce qu'on n'a pas compris ou voulu aborder la véritable difficulté. *Il n'y a* ENCORE *qu'un moyen de coloniser la Guyane*, c'est d'y mettre des nègres, les seuls êtres humains qui puissent en remuer la terre et en supporter les influences solaires. Dotez cette contrée, qui n'a peut-être pas d'égale dans la création pour sa fécondité, d'un million de nègres, comme Cuba et Saint Domingue, qui sont et moins grands et moins fertiles, et vous dépasserez de beaucoup les plus belles splendeurs de ces deux îles. Or, voici la corrélation : Nous ne pouvons pénétrer dans les profondeurs de l'Afrique,—mais aussi cela serait très-facile et nous serions reçus à bras ouverts,—qu'en achetant des nègres esclaves, qui sont la denrée la plus commune de ce continent. Achetons ces esclaves, en les payant en marchandises, *engins civilisateurs*; affranchissons-les, et nous les livrerons, comme engagés, à ceux de nos nationaux qui voudront fonder des *habitations* dans la Guyane. L'économie du projet est excessivement large. Un esclave du Soudan vaut au plus 200 fr.; on l'échange même contre un fusil de 30 francs; mais transporté à Cayenne, il vaut de 1,500 francs à 2,000 francs.

Eh bien! le gouvernement peut permettre à un colon ou tout autre, présentant des garanties voulues, d'exporter cent noirs d'Algérie, à la condition de lui remettre, outre le minime prix d'achat, 500 francs, supposons, par chaque tête; ces 500 fr. seraient placés en tontine (50,000 fr.) et capitalisés durant quinze ou vingt ans (150,000 fr.), pour être répartis entre les survivans, devenus libres et maîtres de porter leur pécule là où ils voudraient. Ou bien, on pourrait établir qu'au bout de dix ans, alors que le bailleur de fonds aurait eu le temps de se récupérer de ses avances, le produit de l'habitation serait partagé également entre lui et les travailleurs. Ceux-ci deviendraient propriétaires et plus riches que les paysans que nous voulons implanter en Algérie.

On dira que c'est la traite ! Non, c'est l'émigration ; l'émigration d'êtres plus malheureux encore que le prolétariat de nos villes manufacturières, et qu'on abat, comme des bœufs, quand on n'en espère plus la vente. A ces pauvres deshérités, plus abrutis que les buffles de leur sol calciné, on donnera une terre fertile, des instrumens de travail, des semences, la liberté enfin ; et le signe de la croix les rachètera de l'idolâtrie.

Que nos négrophiles de parti pris nous permettent de le leur dire en toute conscience, ils comprennent mal les intérêts de leurs frères les noirs, et ceux de l'humanité. Une idée peut être généreuse mais stérile, provenir d'un bon cœur mais mal éclairé, et donner de mauvais résultats.

Examinons. Un noir esclave, en Afrique, vaut au plus 200 fr.; il mange et ne produit pas; de telle sorte que rien n'est plus simple pour ses maîtres, au point de vue de leur inhumanité, que de le tuer dès qu'ils ne peuvent plus le vendre. Au contraire, en Amérique, un noir vaut 2,000 fr.; de plus, il produit au moins 50 p. 100 ; il en résulte que ses nouveaux maîtres ont le plus grand soin, au point de vue de leur intérêt et aussi de l'humanité, de les soigner, de les faire vivre, c'est-à-dire — la philanthropie même intéressée est doublement hygiénique, — de les rendre heureux, partant, de les civiliser.

Voici plusieurs fois que les nouvelles d'Afrique nous apprennent « qu'on vient de mettre à mort 2,500 noirs qu'on ne pouvait vendre. » Barbares ou insensés que vous êtes, ce sont vos croisières qui sont cause de ces horribles massacres ! Ces victimes eussent été heureuses en Amérique, et bien moins esclaves que les hommes libres qui vous servent !

Notre intention n'est pas d'établir à la Guyane ce que l'on appelle (improprement) l'esclavage, puisque l'opinion publique est buttée à cet égard, mais l'émigration, que les Anglais pratiquent largement. Nous dirons seulement, en passant, qu'on n'a jamais considéré que le côté le plus étroit, et le seul mauvais, de *cet infâme trafic.* La traite est un des plus grands et un des plus heureux faits des temps modernes ; elle a été le complément de cette bienheureuse découverte de l'Amérique qui doubla la création. Sans les noirs, cette admirable partie du globe fût restée stérile. A l'aide de leurs bras, au contraire, elle a produit des richesses à miracle et contribué beaucoup à l'émancipation des classes moyennes de l'Europe. Il y a tout un monde de méditations à faire sur ce sujet! Si, durant les trois siècles qui ont suivi la découverte de l'Amérique et précédé notre grande révolution, la féodalité a été combattue et vaincue, c'est en grande partie parce que les basses classes, et surtout la bourgeoisie, purent balancer avec les bénéfices du négoce les ressources domaniales des nobles, possesseurs de presque tous les revenus du sol. L'argent est aussi le nerf de la civilisation, le topique de l'humanité. Par ses mines et son commerce, l'Amérique a décuplé et au-delà la richesse de l'Europe, et nous pensons même qu'au point de vue intellectuel ses avantages n'ont pas dû être moindres.

Les instrumens de ces richesses et de notre émancipation politique, les noirs, ont-ils été des victimes sacrifiées aux progrès de l'Europe et à la rapacité des troqueurs? Oui, si l'on considère qu'ils étaient fort entassés sur les navires, qu'on les maltraitait fort et qu'il en mourut beaucoup; non, si l'on considère qu'ils seraient morts en plus grand nombre s'ils fussent restés en Afrique, et qu'au prix de quelques corrections ils ont secoué leur paresse, leur idiotisme, et qu'en fin de compte il y a aujourd'hui, dans les deux Amériques, environ quinze millions d'hommes de couleur qui sont chrétiens, civilisés, instruits, c'est-à-dire producteurs et consommateurs, ce qui est la formule souveraine de tout état social.

L'esclavage est immoral, anti-humain ! En principe et généralement, oui ; en cette circonstance, non. Réduire des Indiens, des Arabes et certaines races noires à l'esclavage serait abominable, ou plutôt ce serait absurde, impossible ; ils vous tueraient, et ils auraient raison. Mais changer un esclavage écrasant, précaire, car la mort est tous les jours imminente, en un esclavage, en un état de domesticité qui produit et qui moralise, c'est une sainte chose, d'autant plus sainte qu'elle est utile, qu'elle sert l'humanité. Il nous semble, en effet, que c'est un dessein providentiel qu'il y ait eu en Afrique des hommes assez abaissés et convenablement constitués qui pussent féconder l'Amérique ; et à celui qui, le premier, a pénétré ce dessein de la Providence, on devrait élever une statue d'or à côté de celle de Christophe Colomb !

Ce n'est pas un paradoxe ; il y a aujourd'hui injustice, sottise et immoralité flagrantes, sous des prétextes spécieux, à empêcher les Brésiliens, les Portugais et les Espagnols de peupler et fertiliser leurs territoires à l'aide des nègres. Les Français et les Anglais ont trouvé cela bon et convenable durant plusieurs siècles, ils en profitent même encore ; pourquoi fermer la porte aux derniers venus et à ceux qui n'ont pas assez de canons pour avoir raison ? Au moins qu'on se rattache à cette variante, l'émigration, qui serait, du reste, un progrès. Les Anglais en usent dans toutes les parties du monde. Au lieu d'entretenir coûteusement d'impuissantes croisières à la côte d'Afrique, qu'on stipule avec les nations qui ont besoin de travailleurs noirs la condition de les traiter convenablement durant un certain temps d'apprentissage, de les libérer ensuite et de leur assurer un petit pécule. Il serait facile de s'entendre en prenant la question de ce côté, qui est le bon ; car nous maintenons que l'état actuel, qui fait massacrer les nègres en Afrique et les empêche d'aller vivre, produire et se civiliser en Amérique, est attentatoire à l'humanité et à la civilisation.

Ces idées sont tronquées, et d'autant moins complètes qu'on ne peut en saisir le vrai sens que lorsqu'on a beaucoup voyagé, beaucoup étudié.

Quant au projet qui se rattache à ces idées, nous n'avons prétendu en donner qu'une simple indication. Mais on peut voir déjà *que ce seul moyen encore de rendre l'Algérie l'intermédiaire d'un immense commerce entre la France et le vaste continent d'Afrique, est aussi le seul moyen de coloniser la Guyane.* De toute nécessité, il faut des travailleurs à cette terre ; ces travailleurs ne peuvent être que des nègres, ces nègres ne peuvent être pris qu'en Afrique ; les extraire par l'Algérie est on ne peut plus simple et profitable, puisqu'on échangerait un million d'*affranchis* contre trois ou quatre cent millions de marchandises de nos fabriques, et que cette voie commerciale et civilisatrice nous resterait toujours ouverte. En moins de cinquante ans on peut ainsi jeter des germes impérissables de civilisation et de religion dans les profondeurs inconnues de ce misérable continent. De pareilles relations ont déjà existé au profit du Maroc, vers 1720 et 1775, sous les célères empereurs Mouley-Ismayl et Mouley-Abd-Allah. Les graves perturbations arrivées à la mort de ce dernier prince mirent fin à ces rapports, qui étaient très-suivis et très-profitables, car en ces temps-là le Maroc fut plus puissant et plus prospère que jamais.

Cette relation et cette connexion des intérêts et des besoins de nos deux grandes possessions d'Afrique et d'Amérique pourraient être l'occasion de doter la France du plus vaste édifice colonial et commercial qu'aient jamais rêvé ses plus grands citoyens. La colonisation de la Guyane serait, sous tous les rapports (le rapport politique excepté), beaucoup plus profitable que celle de l'Algérie ; ce serait refaire Saint-Domingue. Elle serait aussi plus prompte et plus facile, parce que nous avons plusieurs classes de nationaux,—les colons, les négocians, et tous les habitans des ports de mer,— qui sont parfaitement à même d'apprécier les avantages qu'elle offrirait. La Guyane présente de plus une sécurité et une fertilité qui manqueront toujours à l'Algérie. Mais à quoi bon exciter son esprit vers ces grandes choses? Nos bourgeois ne veulent que *conserver ce qu'ils ont*. Le système, lui, trouve la France assez grande et assez riche telle qu'elle est... Une mouche suffit à repaître une araignée.

Qu'on ne dise pas ridiculement que nous sommes au-dessous de ces destinées. Le peuple français est de tous les peuples celui qui possède les plus belles facultés colonisatrices, et c'est lui aussi qui a fondé les plus belles colonies. S'il ne nous reste rien de bon aujourd'hui, nous le devons aux Anglais, qui nous ont pris ce qui était à leur convenance; si nous ne possédons aucun territoire où nous ayons quelqu'espérance, même éloignée, de fonder un vaste établissement, nous le devons à notre gouvernement, qui ne sait pas et ne veut pas tout à la fois. Il réflexionne que l'extension de l'influence et des intérêts nationaux à l'étranger créerait des jalousies et des embarras; il aime mieux dormir sur les deux oreilles.

Cette disposition, nous ne l'avons que trop vu pour notre part, produit chaque jour les effets les plus déplorables. A l'étranger, nos nationaux n'ont pas de confiance et se laissent devancer par tous les peuples qui se sentent appuyés par un gouvernement énergique. D'autre part, nos agens s'abstiennent de rien entreprendre qui puisse favoriser, exciter notre commerce. Ils déplairaient et seraient traités de brouillons.

Il nous est arrivé, il y a deux ans, de publier un ouvrage où abondent les enseignemens économiques et politiques les plus nouveaux. Percement de l'isthme de Panama; considérations sur les autres isthmes de l'Amérique centrale; leur relation si pleine d'intérêt avec l'isthme de Suez qui en est le contrepoids providentiel ; possibilité et facilité d'implanter dans l'isthme de Panama une politique à peu près semblable à celle des Anglais en Egypte ; débouché nouveau, immédiat de 60 à 70 millions de marchandises (fait presque miraculeux, mais attesté par la formation d'une compagnie qui veut opérer le transit de ce commerce) ; moyen de soumettre presque exclusivement à l'influence française, par une politique traditionnelle et commerciale, les *états orphelins* de l'immense Amérique du Sud, lesquels états n'ont plus de métropole ; fécondation de nos émigrations, en les dirigeant vers les pays où elles seconderaient notre politique, etc., etc. C'était le fruit de dix années de longs voyages entrepris à cet âge où le travail est comme une savoureuse nourriture pour l'esprit et pour le cœur ; c'était un ouvrage favorisé par le hasard des plus belles questions ; un ouvrage comme un homme n'en produit qu'un dans sa vie, satisfait encore d'en avoir eu le bonheur. Mais la maxime avouée de MM. les bureaucrates est *de ne laisser faire que ce qu'ils ne peuvent empêcher* ; ces pauvres gens, semblables à des eunuques ou à de vieilles filles qui ont séché sur pied, en sont à maudire tout à la fois et leur vie impotente et méphitique, et la vie pleine d'ardeur et de combats, partage de ceux qui affrontent ce difficile océan qu'on appelle la société. Les bureaucrates du ministère des affaires étrangères ont voulu nous tuer par l'indifférence. Ces pauvres gens si prompts à tous les transports de la servilité devant quelque petit prince qui éternue ou quelque ministre qui les pousse et les décore, n'ont que froideur et dédain pour les grands intérêts du pays. On leur dit que vouloir établir un canal maritime à travers l'isthme de Panama, en compagnie des Anglais et des Américains, est absurde, fatal à nos intérêts; que, comme dans le détroit du Sund, nous n'y ferions pas passer *cinquante* navires contre nos co-associés *mille*; on leur prouve, au contraire, qu'une simple voie carrossable, combinée avec les transports à vapeur dans les deux Océans, serait spécialement avantageuse au commerce français, qui a nombre de denrées d'exportation d'un grand prix sous un petit volume; on leur dit, on leur prouve que la Nouvelle-Grenade a accueilli avec enthousiasme ces nouvelles idées; qu'il est indispensable d'aviser à ce que la compagnie d'exploitation ménage nos intérêts, favorise spécialement notre transit, que leur importe ! ils ne cherchent même pas à discuter ; ils ne sauraient pas ! Ils aiment mieux, pour couper court, vous écouter d'une manière distraite, vous approuver même, mais avec l'arrière-pensée de vous mieux trahir..... Et, pour mieux atteindre leur but, voyez leur double lèvre se contracter en un perfide sourire, semblable à une chenille qui tord son échine visqueuse sur la tige qu'elle salit et dévore.

PARIS. — IMPRIMÉ PAR E. BRIÈRE, RUE SAINTE-ANNE, 55.

www.ingramcontent.com/pod-product-compliance
Lightning Source LLC
LaVergne TN
LVHW020352230826
846091LV00003B/1078

*9782012991316*